気づきの「まえがき」

ひとりのときこそ、幸せでいよう♪

——誰にも邪魔されない〝快適な時間〟[illegible]、神様は宿る！

この日本には、八百万《やおよろず》の神という、数え切[illegible]りとあらゆる神様がたくさんいらっしゃいます。

そして、人は、その神様のところへ行こ[illegible]は初詣のために、運気がほしいときにはパワーをもらうため[illegible]目標があるときには叶えてもらいたいと、遠くどこまでも神[illegible]ものです。

また、困ったことがあるときは救いを求めて、悲しいことやつらいことがあるときには心の支えにと、なにかと神様をそばに惹き寄せたがるものです。

もちろん、それで、元気になれるなら、大いに結構！

しかし、**本当は、あなただけの特別な神様は、外側にあるのではなく、あなた自身の中にあります！**

その神様は、あなたの思いをすべて知り、あなたの心の声をすべて聞き、あなたの望みのすべてを把握しています。

そして、それに応えようと、あなたのために日夜無償で働いているのです。

その、あなたの中にいる神様は、聖なる存在であり、神秘的であり、とても不思議な働きをするものですが、実は、リアルで現実的な存在でもあります。

あなたの中の神様は、絶対力であなたを守り、いつもどんなときも正しく導き、あなたを幸せにするために、あなたからかたときも離れなくていいようにと、あなたが地上に降りたときから、あなたの中にいるのです。

青春文庫

ひとりでいる時に幸せの神様はやってくる！

運がよくなる☆奇跡が起こる！心の習慣

佳川奈未

青春出版社

その神様を、私は、「幸せの神様」と呼んでいます！

というのも、**自分の中のその神様にふれると、なんでもわかり、安堵《あんど》し、幸せになるのがかんたんになるからです！**

あなたを守り、幸せにするために、尽力してくださる、かけがえのない存在である、この「幸せの神様」を、潜在意識、宇宙、大いなる存在、ハイアーセルフと言ってもいいのかもしれません。

この、あなたの中の「幸せの神様」と会いたいならば、いつでも、ひとりになる時間を大切にしてみてください。

しばし、他人から離れ、ひとり静かに落ち着いた時間と空間の中、自分の心や体に意識を向ければ、すぐさまコンタクトができ、気づくべきメッセージを、得るべき智慧《ちえ》を、示してほしい方向性を、受け取ることができます！

というのも、あなたの中の「幸せの神様」は、あなたの心や体の中で働き、五感を通して気づきを促し、あなたに必要なことを知らせる存在だからです。

さて、この「幸せの神様」は、この人生で、これまで私にいろいろと大切なことを教えてくれました。そのメッセージを本書を通して、あなたにもお伝えしましょう。

読んでいるとき、あなたの中の「幸せの神様」は、そこからさらにあなた自身のことへとつっこんだ教えや、重要なメッセージを受け取らせてくれるかもしれません。

そういったものを感じながら、本書をお楽しみいただけると幸いです。

2020年　1月　　　ミラクルハッピー　佳川　奈未

目次

——ひとりでいる時に幸せの神様はやってくる！

第2章 自分を引き上げる☆心の習慣

ハッピーな気持ち、賢い行動で、すんなり上昇する♪

第3章 運がよくなる☆種蒔きの秘訣 …… 95

いい流れに乗って、花を咲かせる！ 実を結ぶ♪

第4章 うまくいく人になる☆気づきのサイン 125

学びと経験から、人生を好転させる♪

第5章 目に見えない世界を感じる☆真の教え 153

ひととき〝無〟になれば、すべてが〝有〟になる！

本文デザイン／浦郷和美
本文ＤＴＰ／森の印刷屋
カバー写真／tomertu/Shutterstock.com

第1章

幸せの神様とつながる☆ひとりの時間

自分の居場所から、
幸せな奇跡を迎える♪

あなたの中の幸せの神様は、体の中で働いている！

あなたの中には、生まれたときから、あなたを幸せにするために働き、最善、最良の方向へと導き、あなた自身やあなたの人生、あなたにまつわる人間関係や運命のすべてを守ろうとする「幸せの神様」がいます！

その神様は、言葉通り、あなたが本当に幸せになるためだけに働きます。
そして、その働きは、あなたの体の中にあります！

幸せの神様は、別の言い方で言うと、生命力、潜在意識、宇宙と言ってもいいのかもしれません。

とにかく、幸せの神様は、あなたの体のしくみのすべてのことが円滑に、スムーズになされるよう、生まれたときからシンクロニシティ（共時現象）をあなたの中に生み出し、各細胞や臓器や神経の中で、おおいなる神秘の力をごくあたりまえのように使っています！

しかも、その働きは、あなたを一生守るためにと、日夜、休むことなく働いています。あなたがその幸せの神様の存在を知らなかったとしても、そんなことなどまったく気にせず、せっせ、せっせと、いまこの時間も、あなたのために働いているのです！

その働きは、あなたの体や心にいつでも、必要なサインを送ってきては、あなたが間違った方向や、幸せではない方向に行かなくてすむようにもしてくれます。

また、もし、あなたが何かを間違ったり、幸せではない方向に行ったりしたとしたら、ただちに軌道修正できるようにもしてくれます！

なにをどのようにしてくれるのかというと、あなたがその時々で、気づくべきことに気づき、学ぶべきことを学び、成長すべき成長ができるようにと、あなたの体の調子や、心の調子に関わって、あなたのために働いているということです！

それゆえ、あなたは、その時々の自分の体の調子や心の調子をよくみつめるだけでいいのです。

あなたの中の幸せの神様からのメッセージやサインは、その中にすべてあるからです！

心地よいですか？　それとも心地悪いですか？

あなたは、ただ、自分の体の声を聞き、心の本音をみつめるだけで、自分のすべてがわかるようになっています。いや、本当は、最初から、わかるようにできている存在です！

その体の調子や、心の調子は、あなたの中の幸せの神様の声をいつも代弁しているものであり、「それは、心地よいですか？」「それとも、心地悪くないですか？」と、本当のところをあなたにつかませようと、しています。

その働きのおかげで、あなたは、特別、「神様の声」を聞いた覚えはなくても、心地いいことにはよろこんで関わり、もっとそうしていたいと思いますし、逆に、心地悪いことからはすぐに離れたい、もういい！　と、思えるのです。

それが、幸せの神様のやり方であり、導きでもあるのです！

そして、わかっておきたいことは、あなたの心地よさや心地悪さは、あなたの心にやってくる前に、まず先に、体にやってくるということです！　幸せの神様は、体のしくみを使って、あなたを止めたり、前に進ませたりしていたのです！

体は、心よりもっと正直で、心より先に反応するので、あなたが幸せの神様からのメッセージやサインを受け取り損ねるということはありませんし、何かを悟り遅れるということもありません。

しかも、心は混乱することがありますが、体は混乱することはありません。

体はただ、あなたの中の神秘の力で、正しく働くことが宇宙の法則として成り立っているので、そこをみれば、本当はどんなこともわかるのです。

しかし、多くの人は、自分の体の中に神のしくみが内蔵されているとは知らず、心のほうばかりみつめているせいで、体が何かを訴えてかけてきていることを、無視しがちになるのです。そのせいで、受ける必要のなかったものを受けては、悩んだり、後悔したりしてしまうわけです。

たとえば、行きたくない行事に誘われたとき、あなたの体は重くて、当日、なかなかしたくをしないものです（いや、本当は、そのお誘いがきた時点で、一瞬で、体は何かしら調子を変えたはずです！）。

そして、心は「どうしようかなぁ～」と悩み始めるわけです。けれども、心はズルイところがあって、自分ひとりでは決心できないことは、理屈というものを呼んできて、「でも、いやでも行かないといけないし、それに……」と、体が本当は行きたくないと訴えているのに、あなたを無理に向かわせようとするのです。

すると、何が起こるのかというと、無理に行ったがために、その行きたくなかったパーティーで、イヤな目にあい、後悔することになるわけです。

そして、あなたはこう言うのです。

「だから、このパーティー、行きたくなかったのよ、本当は！」と。

実際、それは、あなたの幸せからちょっと外れたことであり、無駄なことだったかもしれません。

そういうものに、あなたを向かわせないためにも、体は最初から、なにかしらの調子や状態をあなたに示しているわけです。

覚えておきたいことは、あなたの体が、軽やかで、すぐに動けるときには、幸せの神様が後押ししていることだということです。

逆に、あなたの体が重くて、動かないというときは、幸せの神様がそれをススメていないということです。

心は、それをちゃんと察知して、協力しなくてはならないのです。

あなたの体の言うことを、心がちゃんと素直に察知しているとき、あなたの中の幸せの神様は正しく動き、かんたんに、あなたのすべてを幸運化できます！

だから、神様の声を聞きたいなら、自分の中の神秘の力が、体と心にあるのだとわかって、毎日を過ごすことが大切なのです！

ひとりでいるときに、幸せの神様はやってくる！

あなたの中の幸せの神様は、たいがい、あなたがひとりでいるときにやってきます！

その神様は、あなたの体の調子、心の声として、やってくるものなので、他人と一緒にいるときや、何かに没頭しているときや、忙しくしているとき、騒がしいとき、取り乱しているときは、わかりにくいものです。

もちろん、他の誰かと一緒にいたり、仕事をしていたり、ごはんを食べていたり、遊んでいたりするときでも、その時々で、幸せの神様は、何かしら必要なサインやメッセージをあなたに送っているものです。

が、そういうときは、あなたが他人や他のことに気をとられがちになるので、キャッチしにくいということです。

それゆえ、あなたが、自分にとっての大切なメッセージや何かしらの答えをほしいというのなら、あるいは、いま抱えている問題をどうすればいいのかを知りたいときには、ひとり静かになり、リラックスし、自分の体の感覚をよくみてください。

そして、それに対する心の反応はどうなのかを、よく感じ取るようにしてみてください。

すると、おのずと、何かがわかります！

また、幸せの神様は、あなたの叶えたい願いや夢には、よろこんでサインやメッセージを送ってきては、あなたをスムーズに結果に導けるよう働いてくれます。

そのとき、あなたが、「こうなったらいいのになぁ」というイメージを鮮明に持っておくほど、そのイメージに良い感情を注ぐほど、それは早く叶えられることになります！

また、「次のステップでは、何をすればいいですか？」と質問を投げかけておくと、あなたに何かアイデアや閃《ひらめ》きや直感を与えたり、注目すべきことに注目させたりして、あなたが軽やかに、前に進めるよう、導いてくれます。

あなたの中の幸せの神様は、あなたがひとりでいるときにやってくるのですが、それはたいがい、あなたがボーッとくつろいでいるときです！　また、夜、眠りに入る前のベッドの中にいるときにも、よくやってきます！　時には、緊急を要するときや、ピンチのときにも、やってきます！

それというのも、あなたの中の幸せの神様は、あなたに知らせるべきことを、しっかりあなたにキャッチしてほしいので、「いまなら、絶対に、あなたがこのことに気づける（キャッチできる）」という場面と、タイミングをみて、やってくるのです！

それゆえ、幸せの神様とコンタクトしたいときは、いつでも、ひとりになって、くつろぐことを習慣にしてみてください。

ちなみに、あなたの中の幸せの神様は、他の人の幸せの神様ともつながっているので、よく、人を使って、幸運を運んできたりもします。

たとえば、あなたがひとりでいるとき、誰かから良い電話がかかってきたり、すごいメールが届いたり、素敵なＬＩＮＥがきたりするのです！

幸運の秘訣☆人生の舵取りは自分でする

人生に迷ったり先が見えなくなったり、本当にこの道でいいのかと進む道に思案するとき、多くの人は自分より偉い誰かや他のみんなにアドバイスを求めたがるものです。

しかし、誰に、どんな助言をもらおうとも、最終的には人生の舵取りは自分でするしかありません。

他人が何を言おうがそれがどんなに立派な意見であろうが、しょせんそれはその人の意見でしかないからです。

どこから意見や情報やアドバイスを仕入れてきたとしても、それこそが最も適っているようにみえる考えでも、自分がそれを実際に採用しようとしたときに、抵抗があったり躊躇《ちゅうちょ》したり、無理しないとそうできないとしたら、意味がないのです。

本当は、自分以外の人を頼り過ぎる必要はなかったりします。というのも、最初から、あなたの中には、運命の自動修正機能がついているからです！

それは、あなたの中の幸せの神様から、必要なときに、瞬時にやってくるものでもあります。それは、また、あなたという人間を意図して生み出し、この地上に降ろした創造主から送られてくる、今世の目的にリンクしている機能であったりもします。

そこに自発的にアクセスしたいというのなら、心と体の声に耳をすませ、自分の本音と会話することです。そのとき、運命の自動修正機能は、勝手に働き、あなたの内なる感覚や体に、いろんなことを教えてくれます。

その運命の自動修正機能は、いつもあなたの五感のすべての感覚を通して、必要なことを教えてくれます。

行くべき方向は、こちらであるとか、こちらではないとか、つきあう相手は、この人ではなく、あの人だ！　とか、つくべき仕事はこれだ！　とか、もっと別にある！　とか。

とにかく、あなたが、自分にとっての正解ではないものを選ぼうとしたり、まちがった方向に行こうとすると、その機能は、あなたにいやな感じや抵抗感を感じさせ、それ以上前に行くのを引き止めます。ときには、それをはっきりわからせるために、突然暗い気持ちにさせたり、胸騒ぎを感じさせたりすることもあります。

そうやって、まちがった方向に行かなくてもいいようにと、あなたの心や体に必要なサインを送ってくれているのです。

逆に、あなたがどんどん進んでいいときには、軽やかさや、快適さや、快感、感動、よろこびと、店舗の良いリズムと、流れを感じさせ、そちらに進むのが正解であることを教え、後押ししてくれるのです。

そういった機能が自分の中に最初からあるから、人は人生の舵取りを本当はちゃんと自分でできるのです。

いつどこにいても、どんな場面においても、どの地点からでも、運命を軌道修正できるし、より救われる方の道へ、より幸せになれる方へと、進めるようになっているのです。

自分の心や体の中にやってくる感覚は、あなたの中の幸せな神様のくれる正しい感覚でもあります。

それを信じて、人生の舵取りを自分でしようと決めるとき、その力は自分の中でより確かなものとなり、これまで以上に自分を、人生を、正しく前に進めてくれるようになります！

はなから、最善かつ最高の選択をする！

もしこれがうまくいかなかったら……、もし、彼と別れてしまったら……、もし、東京でやっていけなかったら……、もし、この夢を叶えられなかったら……、もし、成功してお金持ちになれなかったら……。

などと、人はあらゆるネガティブな考えで、どつぼにはまり、未来を恐ろしいものに仕立てあげる「くせ」があるものです。

しかし、**もしそうなることを心配しているなら、むしろ、はなから、最善かつ最高の選択をしておくことです！**

これは、まだ息子が高校生の頃の、進路を決める三者面談での話です。自分の能力よりはるかに偏差値の高い大学に行くと言った息子に、担任の先生はこう言ったのです。

「その希望校は、やめておけ。もし、落ちたら、浪人だぞ！」

「もし、落ちたらお前がみじめになるから、悪いことを言わないからランクを落として、もっと下の学校を受験しろ！」

「受験で失敗したら、ショックだし、人生が10代で狂うぞ！」


ああ……なんということ！　一見、最もらしく聞こえはするけれど、よく考えてみたら恐ろしい言葉を吐き続ける先生に、ブチ切れた私は、こう言ったのです。


「先生、そんな変なことを言わないでください！　うちの子は受験などせず、そこに推薦でいきます！　そのためにも、推薦ラインの基準にいるよう彼は自発的に勉強したんです。しかも、落ちたとしても、浪人などさせません！

うちの会社に入れて専務にするか会社の立ち上げ方を私が教えて社長をやらせます！　うちの子どもに、悲惨な未来も、恐ろしい選択も必要ありません！」

　すると先生は、すぐにこう反論してきました。

「いや、お母さん！　社長なんて、そんな簡単ではないですよ」

　私も反論しました。

「いいえ、簡単です！　わたしができるくらいですから、簡単なんです！　誰でも社長になれます！」

　よく考えてみてください。どちらの言うことが正しいのでしょうか？　それは、わからなくはありませんよ、先生が「確かな道」を息子に選ばせようとしてくれている気持ちは。

　けれども、何が確かなことなのか、本当は、誰にもわからないものです。なにせ、まだ何も起こっていない未来について、ああだこうだと言っているだけなのですから。

　だとしたら、可能性や、明るい展望や、自分の選びたい方向を、選択するほうがいいに決まっているのです。

しかも、こう言ってはなんですが、先生は社長になったことがないわけです。でも私は、なっているのです。

何が言いたいのかというと、**「物事はそれを達成した人に聞く」というのが、成功の法則だということです！**

それゆえ私は、息子の希望通りにさせ、はなから、最善かつ最高の選択をさせたのです。受験がダメになったとしたら、社長になるという！

結果、どうなったのかと言うと、先生は反対したけれど、自分の能力より偏差値が高いその憧れの大学に、息子は推薦で合格できたのです。

のちに、息子にこう聞いてみました。

「偏差値が足りないのに、よくあの学校を受ける気になったねぇ」と。

すると息子はこう言ったのです。

「うん。なんか受かる気がしたし、あの学校の見学に行ったとき、ピカッと光ったし、そこに通っている自分がみえたから」

それ以来、息子はどんな場面でも、最善かつ最高の選択をするようになりました。

いつでも最善かつ最高の選択は、はなからしておくことです。そうすれば、どう転んでも、最善かつ最高の人生しかやってこないのですから♪

最悪の場合に、最悪の場面ばかり考えているから、そういう人の人生はおかしくなりやすいのかもしれません。

〝安心感〟を持って、生きる

心から深くホッとするような本物の〝安心感〟は、いつでもすべての必要が自分自身によって満たされるときに手に入るものです。

誰かがあなたを安心させてくれるのではありません。誰かがあなたを幸福にしなくてはいけないのでもありません。誰かがあなたの人生の質に責任を負うのではありません。

誰かがあなたの心を満たしてくれるのではないのです。誰かがあなたの何かを満たしてくれるのでもないのです。誰かがあなたを満たす必要があるのではないのです。

安心感を得たいなら、豊かな状態がほしいなら、自発的に安心感を得られるような創意工夫し、より豊かな心の持ち方によって、安心を生み出せる人になって、自分のいる世界にかかわることが大切です。

安心して生きている人は、自分が安心するために、安心できることを淡々としているだけだったりします。

必要なことにアクションするだけで、とりあえず、これで安心だ！　という心境や状態になれるということは、多々あります。

すべきことをしていることで、人は安心を手に入れるとき、もう何も恐くないし、何も揺るがないし、何にも貧しくならないもの！

誰か他の人に自分の心や生きている世界を満足させてもらおう、安心させてもらおうというような、ある意味、いやしい考え方をしていると、よけい不安になり、満たされない気持ちになりがちです。

豊かな気持ちとふるまいで先に打つ手を打てば、何が起こる・起こらないに関係なく、その瞬間、人は大きく満たされ、本物の安心感をすぐさま手に入れられるのです。そして、いつも、安心して眠れます。

ときには、「完全休養デー」を持つ

健康なときは、さほど気にしていなくても、体調が悪い時期が続くと健康がいちばん大切だ！　と痛感するものです。

実際、健康こそが財産で、この神様からいただいた体が丈夫で健康であってくれるおかげで、日々、無事に生きることができるわけですから。

たとえば、せきこんで夜中に目覚めるということがないだけで、人は、スーッと安眠できることでしょう。心臓に痛みがないというだけで、なんと毎日安心して生きられることでしょう。

体はいつも、いろんなサインを送ってきてくれています。

無理しすぎていると、おおごとになる前に、「助けて！」と、あちらこちらに痛みや異変を起こして、なんとかあなたに癒しや休息の時間、自己ケアする場面を持ってほしいと、訴えてくるわけです。

そして、何かが、あなたの中で、「キャパオーバー」している働きや習慣を、改善してもらおうとするのです。

体は、心よりももっと素直で正直で、ダイレクトに、こちらに何かを訴えかけてくるものです！ 言葉でコミュニケーションできないものは、いつも現象を通してしか人間に語れない！

それゆえ、ときには、どこかが不快であることや、不調であることを伝えるために、痛みや熱やどこかの異常状態を通して、ヘルプを求めてきます。

とにかく、「なにか、おかしい」と、気づかせてくれるわけです。

体がさまざまな感覚を通して、無言のサインを送ってくるのは、心と体と魂とあなた自身を救うため！

だから、ある意味、痛みにさえも、「このサインをありがとう」と言うべきなのかもしれません。

そういえば、知人の内科医がこんなことを言っていました。

「体に痛みがないからといって、ハードなことや、極端なことをしちゃダメだよ」と。

抱え過ぎた疲れやストレスや無理は、体にも、心にも、運気にも、よくありません。自分を助け、健康でい続けるには、そういった疲れやストレスや無理を減らすことが、とても大切なのです。

それは、自分自身でしかやれないことです。

他人がいくら「無理しないでね」と言っても、当の本人が無理をやめなかったら、おかしくなるのは当然なのです。

さて、ふつう、人は、「疲れたら、休もう」と考えがちなものです。しかし、疲れてから休むと、たまった疲れを取るために、体はすでに大きな労力が必要となり、負担になります。それゆえ、疲れる前に、こまめに休息し、自分を癒すことが大切なのです。

ときには、充分な休息をとるために、仕事を休むことや、何もせずにぼーっとできる日を過ごすことも、大切でしょう！


体さん、君は、かけがえのない尊い大切な存在！

君は、今世のわたしの魂の入れもの！　もし、君が壊れたなら、わたしの魂は行き場をなくしてしまう……だから、大切にしていきたい。

そして、私の中の幸せの神様、この体さんを、ありがとうございます！

体さんは、いつでもパーフェクトです！

私自身の知らないところで起こっていることのすべてを早くから察知して、ちゃんと教えてくれ、守ってくれるのですから！

それは、体さんの愛！

私の中の幸せの神様の素晴らしい働きそのもの！

自分にひどいことをした人のために自分の時間を使わない

この世の中にはいい人もいれば、いやな人もいるものです。心あたたかい天使のような慈愛に満ちた人もいれば、悪魔よりも残酷《ざんこく》で人間とは思えないような人もいるものです。

そして、不本意にも、いやな人たちに出逢ったがために、何か心を傷つけられたり、ひどいことをされたことがあったとしても、自分は、決して、その相手に、仕返しや復讐はしないことです。

もし、相手に何かをしてしまうと、自分もそのひどい相手と同等の人間になってしまうだけだからです。

自分にひどいことをした人たちに、どこまでも引きずり降ろされる必要はありません。

それよりも、**一刻も早く、そういう人たちからは離れ、しっかり立ち上がり、あなたは向かうべき自分の世界へと進み、やるべきことをやることのほうが重要です！**

この人生は時間でできています。それは、「有限」なのです！

「有限」だということは、自分が、誰といるべきか、いま、何をすべきか、どのことに関わっていたいか、どういう気持ちを感じて生きていたいかを、しっかりわかっていないといけないということです。

それをわかっていないと、無駄な時間を過ごしているうちに、自分の貴重な命の時間が、いつの間にか終わってしまうということに、なりかねません。

いやな人やいやな出来事のためになど、１秒たりとも使っているヒマはないのです！　時間は命の一部ですから！

唯一、あなたがしてもいい復讐があるとしたら、「より幸せになること」です！

自分にひどいことをした人たちよりも、格段に何倍も幸福と成功と繁栄を叶え、良い仲間やパートナーに恵まれることです。

そのとき、すべてがこちらのみかたをしてくれることになります！

自分自身の心も人生もいい仲間も、そして神様も宇宙も♪

「幸せになること」は最大最良の本当の復讐なのかもしれません。

相手を傷つけるのは、本当には復讐になどなっていないのです。それは、ただ自分をさらに傷つけるだけのものです。

だからこそ、あなたは、もっと、ちゃんと、「幸せになる」ことに向かうことです！　そして、それをよろこぶことです！

幸せほど手堅くすごい勝利はないのですから。そのとき、あなたの中の幸せの神様は、あなたを誇りに想うものです。

「あのつらいところから、よく、正しく生きたね」と。

思い込みという〃意識のフィルター〃を外す

人は、目の前にいる相手のことを、いったい、どれくらい正確にわかっているというのでしょうか。

たったひとつの言葉を聞いても、自分と相手との解釈はさまざまで、２人で一緒に何かをしたとしても、その物事の取り方は異なっていたりするのだから。

結局、人は、誰もみな、自分の意識のフィルターを通してしか、何もわかりません。人さまの真意など、つかみようもない！　ということは、多々あるものです。

そう、少し、「たぶんこうだろう」と、察することはできるかもしれないけれども、それが正解かどうかは、まったくわからないのです。

自分の中で、自分の意識のフィルターで解釈しているだけでは、自分の考えを視ているだけにすぎないのだから。

そのとき、暗い気持ちで、ネガティブな意識で、自分のフィルターを通せば、相手のことを、暗い、ネガティブな奴としか、とれないでしょう。逆に、明るい気持ちで、ポジティブな意識で、自分のフィルターを通せば、相手もそういうふうに映るものです。

この、自分の「解釈」というものは、すごく勝手なもので、決して相手のためにというものではなく、たいがいは、自分をかばうために存在するものです。

そう、誰もが、自分が傷つかないですむような「解釈」をしておこうとするわけです。要は、怖いんですよね、人は、いつでも、自分に対する他人の心や態度が。

さて、あるとき、私はある人に手紙を書こうとしました。その方とは、もう何年も前に、疎遠になり、心も居場所も離れてしまっていました。それゆえ、こちらがあたたかい気持ちになったからといって、いまのその素直な気持ちを伝えたところで、どのくらい正しく伝わるのか、はたして、どのように言葉を「解釈」されるのかわからないと、不安になっていました。

すると、おかしなもので、自分のあたたかい気持ちを伝えたいだけなのに、相手がどう解釈するのかわからないと思うだけで、言葉が出てこなくなってしまったのです。

いや、これではいけないと、素直に書こうとすると、よけいな説明をつけすぎて、かえってうざくなり……。

たとえば、１００％誠実に、人間愛を伝えるもので、深い思いやりを持って、心を込めて書いたとしても、それがそのまま、愛とか、思いやりとして、伝わるとも限らないわけで。

あまりに疎遠になりすぎていて、時間が経ちすぎていると、まったく相手の気持ちや態度に予想がつかないものです。

こちらの正直な言葉を、あたたかく優しく感じてもらえるのか、あるいは、どこかがいやみにとられたり、計算だととられるのか。また、歓迎されるのか、迷惑がられるのか……きっと、さまざまに受け取られるに違いないでしょう。

ならば、どうすればいい？　本当の気持ちを伝えたいだけだとしたら、両者の関係を癒したいだけだとすれば、どうすれば？

もはや、何を望んでいるわけでもなく、ただ優しいものを届けたいというとき、いったいどうすればいい？

その、心のあたたかさや優しさという温度を届けるのは、すごくむずかしいものです。ぬくもりって、言葉にどうやって乗せればいい？

しかし、不思議と、それでも正直に、自分が傷つくことも覚悟で、完全にサレンダー（降参）して、結果を気にせず、思いや言葉を伝えたりするとき、相手に優しいものが伝わり、それを相手が確実にまっすぐに受け取ってくれたと、わかる瞬間があります！

というのも、そのとき、こちらの心の中に、突然、ふわっと、あたたかいものがやってきて、心が満たされ、涙があふれるからです！

さっきまでとまったく違う感じになって、ほんわかすることで、「通じた！」とわかるのです。

確かに、心ではそう感じたのだけれど、これもまた、こちらの勝手な解釈かもしれないと、とることもあるわけです。

人と人が、言葉を超越して、何かをちゃんと伝えあって、絶対にその解釈もまちがえあわないようにするための方法は、たったひとつしかない！

それは、優しい「まなざし」と「口もと」で、表現することだけです！

というのも「まなざし」と「口もと」は絶対に嘘をつけないからです。そこはいやでも真実が映し出される場所だからです。

「まなざし」は、魂の中にある、本当にあたたかくて優しい愛をちゃんと視線で伝えてくれるもの。「口もと」は、思いやり深い心の声を代弁しているかのように、ちゃんと表情で伝えてくれるもの！

だから本当は、人は、「会えばわかる」のかもしれません。なにも言わなくても。その解釈だけは正しいと信じたいけれど。

それでも、もし、相手に、何も伝わらないということがあるとしたら、それは、はなから伝える必要のなかったことなのかもしれません。そういうこともあるのです。

「おだやかさ」を選ぶと、世界が一変する♪

それが仲間の間であれ、恋人や夫婦の間であれ、親子の間であれ、仕事関係者の間であれ、人間同士が集まれば、なにかが議論されたり、提示されあったり、決定されたりすることがあります。

そのとき、人は、とかく、「正しさ」を主張しがちなものです。

しかし、そもそも、人間の考えることや決めることでは、その中の誰か一人だけが絶対に正しいとは限らないし、もしかしたら、みんな正しいのかもしれないし、あるいは、みんなが間違っているということだってあるかもしれません。

そのとき、より良い解決のために必要になってくるのは、〝おだやかさ〟です！

それをそばにおくだけで、すべてが落ち着く場所に落ち着きはじめます。「正しさ」にこだわるよりも、もっと簡単に、いい結果を受け取れるようにもなります。

「おだやかさ」の魔法力は素晴らしいもので、もし、そこにいるみんなが、それを持つことができたとしたら、「思いやり」あえることになり、「優しさ」を差し出しあえることになり、「調和」が生まれます！

「調和」する場面には、自然に良いエネルギーが生み出され、波動が高まります！

正しさを主張しすぎると、必ず衝突が起こります。

衝突するというのは不調和であることを最もはっきり示す証拠です。不調和だから、うまくいかないのだとしたら、調和すれば、すべてはうまくいく！　そんな、とてもシンプルな法則がそこにあります。

その調和をもたらす最善のものこそ、「おだやかさ」なわけです。

「おだやかさ」を持っていくとは、なにも事を荒立てぬよう、穏便にと、みんなが遠慮して言いたいことをひっこめるという、そんな消極的なことではありません。

それは、むしろ積極的に宇宙の摂理を取り入れようとする、智慧のあるやり方であり、愛なのです！

そのとき、あなたの中の幸せの神様も、大きな愛であなたと調和し、あなたの望む状態すべてを、おだやかに叶えていきます。

すべては、人さまとの「ご縁」で成り立つ

この世のすべてのことは〝人さま〟との「ご縁」によって成就する。
それがこの世の法則です。

たとえば、どんなにすごい才能があっても、どんなに自分の何かが優れていても、どんなに特別な何かを持っていても、どんなに人気と名声があっても、そこに「人」が加わり、動かなくては、なにも成就しないものです。

人は自分ひとりでは、それを完結できない！　そんなことは、多々あるわけです。

あなたの人生に、必要な人がしっかり投入されることによってのみ、すべ

てのことに気が注入され、波動が振動を起こし、共鳴現象となり必要なことを呼び込み、そのエネルギーによって何かが現象化されるのです。

それゆえ、人を大切にしないと何も良いものを得ることはできません。

もちろん、人ひとりの持つ偉大な力というのはあります。しかし、ひとりのその偉大なる力に「人さま」の力というサポートが入るから、驚くような結果を生み出せるのです！

「人さま」のお力に感謝を持ってこそ、人は自分もできる限りのベストを尽くそうと思えるし、そうできるわけです。

また、「人さまのおかげで」という謙虚さや感謝の気持ちと態度のあるところに、多くの良い人さまの力が投入されます。

たとえば、人を切る癖のある人は、結局、自分が人と切れていき、人生が乏しくさみしく貧しくなるものです。

人の和合が生み出す素晴らしい奇跡を一度でも体験すれば、誰もが、自分自身を、人さまを大切にすることがなによりだと痛感するでしょう。ご縁によってすべてのことが成就する！　だからこそ自分を生かし、人さまを生かし、和合し、高めあいたいものです！

ちなみに、幸せの神様は、自分の中だけでなく、人さま、お一人おひとりの中にもいらっしゃるからこそ、人を大切にする人は、大きな神様のご加護をたくさん得られる人になるのです。

第 2 章

自分を引き上げる☆心の習慣

ハッピーな気持ち、賢い行動で、
すんなり上昇する♪

「去りゆくもの」と「新たに迎えるもの」

毎年、〝新しい年を迎える〟というとき、誰もが、それまでのことはいったん忘れ、自分や人生がまっさらに生まれ変わるような、新鮮なムードになるものです。

お正月を越したら、何かが変わるぞ～！と、そこからの幸運を期待して。

そうして、年末までにあった様々な出来事の数々や、いろんな感情物語を捨て去り、「今年こそ、いい年にしよう！」「今年は、もっとがんばろう♪」などと、気持ちを立て直し、人生を立て直す！ そんな心境になるものです。

とはいうものの、年明け寸前まで、なにかとつらいことや、いやなこと、悲しいことや、気がめいること、こんなはずではなかった！ というようなことや、後悔することが多かったという場合には、なかなか明るい方向に〝気持ちを切り替える〟のも、厳しいことでしょう。

しかし、もう終わったことを、そのまま新しい次の場面に持って行くのはよくありません。というのも、いやなものを〝引きずる〟ことで、せっかく新しくなろうとするものを、自ら邪魔することになるからです。

終わったものから去り、新たなものに向かうときには、うまくバトンタッチできるよう、「きっかけ」を持つことが大切です！　きっかけひとつで、そこからの運気好転は、いともかんたんになるからです！

自分の気持ちを、明るく、ポジティブに、良い方向に切り替え、人生を新たに立て直すという、その「きっかけ」として、最もオススメしたいのが、ズバリ、感謝することです！

対象がなんであれ、終わったものや去りゆくものに、心から「感謝」することによって、自分の波動が変わり、過去のよどみが一掃され、次に起こる現象がより良く変わり、おもしろいほど運が良くなります！

感謝するとき、実は、その時点ですべてのいやなことは、自分の中から〝消えている〟ことになるからです！

そのとき、あなたを幸せに導こうと、あなたの中ですべてを見守っている「幸せの神様」は、あなたのそれまでの人生をきれいにリセットし、新たな幸運をこしらえるのが、よりかんたんになるわけです！

いつでも、あなたの中の「幸せの神様」は、あなたの心とともに働くものだからです！

では、終わったもの、去りゆくものの、「何に感謝するのか？」というと、まぁ、人それぞれでしょうが、それまでがんばった自分に対してや、日頃お世話になった人たち、そこまでの暮らしのすべてや出来事、その他どんなことでもいいわけです。

素直な気持ちと謙虚さをもってみると、感謝すべきことというのは、この自分自身の身の上や人生に、数えきれないほどあったことが、わかることでしょう。

そのとき、わかっておきたいことは、いいことがあったから感謝する、いやなことがあったから感謝しないというのではないということです。

いいことも、よくないことも、いろいろあったけれど、いまここにこうして無事、生かされていることが、神様のご加護のおかげであり、感謝なのだということです！

ちなみに、わたしは、毎年、年末の23：45から、新年を迎えた0：15の30分間を「ありがとうございます」と唱えながら年越しをしています！　そうやって、それをけじめのようにして、新たなものに向かうと、気持ちがいいし、いいことが起こる予感でいっぱいになります！

この習慣をもう20年以上続けておりますが、そのおかげか毎年、それなりに思うような年になっています。

どんなことがあったにせよ、泣いたり笑ったりしながらも、こうしていま生かされており、家であたたかいものを食べたり、家族や仲間と一緒に過ごせるというのは、守られてきた証拠です！

目に見えない神仏のご加護のおかげで、大難を小難に、小難を無難にしていただけたわけです。実際に、自分を取り巻く人たちや環境が何かをサポートしてくれたから、うまくやれたことというのは、たくさんあったことでしょう。

もし、つらいことや、悲しいことがたくさんあったけれど、それを乗り越えたあとに、そのすべてに感謝できるとしたら、あなたの魂レベルは、かなり高くなり、その年から、一気に飛躍開運することになります！

たとえば、一見、悪いことや、つらいことにみえた出来事も、自分に何かを教えてくれる教訓がぎっしり詰まっているものです。それは、ある意味、人生の宝物です！

冷静にふりかえってみると、自分の未熟さがそこにあったり、おかしな言動や、なにかしらへの執着があったりして、そうなった理由をなんとなく理解できることもあるわけで。

「ああ、あのとき、あそこでそうなったのも、わかる気がする」と気づける何かがあったり、そうなるようになっていた意味を見いだせたり、それを通して成長できた自分というのが、必ずそこにあるものです。

そうであるからこそ、新しい年を迎えるときだけでなく、自分にとっての何か新しいときや、新しい場面、新しい人との出逢いに迎えるときには、感謝しながら向かうといいわけです。

「去っていくもの」に感謝を伝え、「迎えるもの」にも感謝を伝えるとき、自分の心と人生のエネルギーが一瞬で浄化され、高次元化します！

自分の内面が浄化されるということは、波動が高まるということであり、そのとき、同時に、それまでより、引き上げられた世界に行こうとしたことになるのです！

その際、あなたの心や体や魂や運命を守り、幸せに導く、あなたの中の「幸せの神様」も、同時にパワーアップし、あなたをいくらでも高みに引き上げられる存在になります！

さて、新年を迎えるときだけでなく、学校を卒業してどこかに就職するときでも、恋人と別れ新しい人と出逢うときでも、自分がそれまでやっていたことから離れ、新たな何かに挑戦するときでも、去りゆくものに感謝し、迎えるものに感謝するとき、すべてが高い波動で満たされます。

そして、そのとき、すんなり飛躍上昇し、思い通りの人生を叶えるのが、
かんたんになるのです！　というのも、高い次元のエネルギーは、軽やか、
シンプル、スピーディー、パーフェクトに働くからです！

「ことの始めどき」を知る

何か新しいことを始めようとするとき、人は誰でも、「いったい、いつがいいのだろうか」と、「時期」にこだわってしまうことがあるものです。

しかし、**あなたの中の幸せの神様は、こう伝えています。**

あなたにとって、本当に良いものとなる〝物事の始めどき〟は、「その気になったとき！」だと。

その気になったときにだけ、人は、すんなり動けるもの！

たとえば、いくら、カレンダーとにらめっこして、日柄のよしあしを見極めて、綿密に何かを計画したとしても、その日にそれをやりたい気持ちがまだあるかどうかはわからないものです。

もしかしたら、そのときには、案外、気持ちが冷めているかもしれないし、事情が変わっているかもしれないし、それを計画していたときとは別の次元にいることもあるかもしれない。

だいいち、そのときになってみないと、実際に、気分が乗るか、動けるい い状態があるのかどうかも、わからないもの。

綿密な計画を立てすぎると、たいがい、それで気持ちがすんだりします。計画し過ぎると、あきるのかもしれません。

それよりも、**ときには、そんな計画表など捨て、自分の素直な「感情」をみかたにつけたほうが、たやすく動け、それを叶えられるということもあるものです。**

自分が〝その気になっている〟とき、内側からエネルギーに満ちているもので、アイデアもわくし、やる気も出るし、無条件に、突き動かされます。

「突き動かされる」というときは、自分に〝勢い〟もあるので、身も心も軽やかで、行動がスピーディー！

覚えておきたいことは、人は、その勢いの力で、すんなり、いろんなことを突破していける！　のだということです。

そして、そういう状態のときこそ、宇宙の力も、みかたになってくれやすく、良い流れを創り出してくれるもの！

それゆえ、ことの始めどきは、「その気になったとき」だと、わかっておきたい！　そうすれば、計画だけの人間ではなく、もっとリアルに、「本当にやる人」になり、思い通りの人生を叶えやすいものです。

「まず、やってみる♪」それが、うまくいく最善の方法

多くの人は何かをやる前、まだ何もしていないうちから、それがうまくいくかどうかをあれこれ心配したり、ネガティブなことを考えたりしがちなところが、多々あります。

そして、「やって失敗したらどうしよう」などと、悩むことで、やりたいことを目の前にしつつも、動けない状態を自らつくってしまっていることがあるわけです。

しかし、そんなことを心配して、悩み続けていても、あまり、意味がないものです。というのも、物事はなんでも、どんなことでも、まず、やってみないとわからないものだからです。

なんでも、やってみて初めて見えてくるものがあるし、手ごたえがわかるし、うまくいく方法をつかめるもの！

頭の中で、いくら、ああでもないこうでもないと長時間、考えてみてもしかたがない。そもそも、「頭の中」で考えていることと、「実際にやってみること」には、大きな差があったりもするわけだから。

それゆえ、「まっ、いいか♪　結果はどうなるかわからないけど、やりたいから、やってみよう！」というノリで、軽く、ポンッとやってみると、案外いい感じになりやすい。

ポンッとやれるということこそ、あなたの中の幸せの神様が、そっと優しく背中を押してくれている証拠！

そういうとき、たいがい、そのままの自分でイケる！　という感覚や、逆に、自分にはまだ少し足りないものがあるということ、もうちょっと何とかしたいところがあるということも、リアルにわかっているもの。けれども、悲観的な感じではなく、冷静で、ニュートラルな状態でいられ、ふつうに前向きでいられたりするのです！

たとえば、何かをやろうとするとき、自分の感覚だけで動くのが頼りないと感じる場合は、自分がやろうとしているそれを先にやったことのある人や、そのことで成功した人に話を聞く、セミナーに行く、というのもいいでしょう。プランになる何かが得られて、「よし！　これで大丈夫！」という気合が入るからです。

けれども、本当に役に立つのは、やはり、〝他人の体験談〟ではなく、自分の体験！　それは、生々しく現実のなんたるかを教えてくれ、次に必要なステップをしっかり教えてくれたりします。

自分の体験として、何かがわかったとき、知恵もつくし、力もつくし、自信もつく！　そのとき、それで成功する可能性はもっと大きくなるものです。

やりたいことがあるというなら、あまり頭でごちゃごちゃ考えてはいけない。結果のことばかり気にしていてはいけない。

頭と理屈を使えば使うほど、自分の中の幸せの神様とつながりにくくなるからです。それよりも、素直な感覚が大事！

結果そのものよりも、そこに向かう「プロセス」を楽しむことから、体験は生かされ、輝き、手に入れられるものが確実になってくるわけです。

そこにあるのは、ズバリ、「余裕」です！

「プロセス」を楽しむ人には、いつも、精神的な余裕が出ます。そのエネルギーこそ、やることなすことうまくいく秘密です！

ときには、動いたことで、何かを失敗したり、途中でいやになったりすることもあるかもしれません。

しかし、それをも、「よし！」として、動いてみることで、〝捨てずにすむ可能性〟というのもあるのは事実です。

たとえば、作家になりたいというのなら、一度、自分で何かを書くといい。気負わず、思いつきで、パッとパソコンに向かうことで、案外いいものが書けたりするかもしれない。それによって、人生がガラッと変わることがあるかもしれない！　そう、この私が主婦から、ある日突然、作家になってしまったように！

ああ、あのとき、何も考えず、「書きたい♪」という衝動にまかせて、書いてよかった」と、いまでもそう思います。

そうしたからこそ、捨てずにすんだ可能性の世界を〝現実のもの〟にでき、その後、何年も生きることになったわけですからねぇ～。

そういう気持ちや体験を手に入れるのと、入れないのとでは、人生の彩りもまったく違ってくるでしょう。

とにかく、気になる何かがあるのなら、まずは、やってみる♪

体験ほど価値ある学びは、他にはないのだから！

そして、覚えておこう！「やらずに、できるはずはない」と。

あなたの中にいる幸せの神様、それは、潜在意識とか、宇宙と言ってもいいのかもしれませんが、そのあなたとともにいる存在は、あなたが何かをやる前から、あなたの可能性を知っています。

そして、だからこそ、「まず、自分でやらずしてどうする!? やらずして、なにが楽しい!?」と、あなたに伝えたがっているのです。

自分にむいている!? むいていない!? その葛藤の答え

「○○をやりたいと思っているんです……。

でも、それが自分にむいているか、むいていないかわからないので、やろうかどうしようかと、ずっと迷っているんですぅ……。

むいているかどうか　教えてください」

と、このような相談をされることが、とても多い。


しかし、はっきり、言っておきましょう！

むいているとか、むいていないとか、そんなことは、どっちでもいいのだと！


そんなことよりも大事なことは、結局、自分は、〝それを本当にしたいの

か、どうか〞ということです。

本当にやりたいことなら、それが自分にむいているとか、むいていないとか、そんなことに関係なく、人はそれを自然にやってしまっているものです。

この私とて作家業が自分にむいているのか、むいていないのかなどそんなことは、わからない。けれども、やりたいからやっているだけです。

むいているとか、むいていないとか、そんなことで何かをやる・やらないを決めようとする人は、結局そのやりたいことを、好きでやりたいのではなく、〝何かの保障として〞やりたいだけなのかもしれません。

「もし、自分にそれがむいているなら、やってみたい。それをやって、うまくいく保障があるなら、やりたい。でも、もし、自分にむいていないなら、成功しないかもしれないから、やめておこう」というのなら、おそらく、そういう人は、それを、好きでも、やりたいのでも、ない！　保障がほしいだけだということなら、そんなものはどこにもないわけで。

それなら、わざわざそれをやる必要もないのかもしれない。

なんでもそうですが、やってみてから、

「やっぱり、これは無条件に楽しい♪」

「これをしているだけで幸せ！」

という感覚に出逢い、

「やっぱり、これって、わたしにむいているかも〜♪」

と、感じることはあります。そうしたら、それでいいわけです。


だいたい、自分がそれを好き、やりたいことだと言っておきながら、「それは、自分にむいているのか、むいていないのか」と、そんなことにこだわってばかりいるという人は、生ぬるい！

生ぬるいものには、〝熱〟がない！　そう、パッション、情熱というやつが！

生ぬるいことを言っている人は、生ぬるいことしかできないもので、それは、何かを本気でやっている人には、完全に負けている姿勢だったりします。

結局、自分がうまくいくのも、まわりが応援してくれるのも、幸せの神様からのサポートがあるのも、要は、熱量なのです！

それがわかれば、何かが自分にむいているとか、むいていないとか、そんなことを言わずとも、素直に、自分のやりたいことや、好きなことに対して、前に進める人になるものです。

手さぐりで、進む☆ある意味、それも正解！

先がまったく見えなくて、「手さぐりで進んでいくしかない」というようなことが、ときとして、この人生にはあるものです。

けれども、むやみに不安がって、怖れる必要はありません。

というのも、手さぐりしているときも、ちゃんと、心と体の反応や状態をみながら行けば、進むべき方向がそっちでいいのかどうかわかるもので、方向性や、道が、それなりに示されるものだからです。

たとえば、手探りで進んでいても、ある方向に向かうと、もっと不安になったり、胸騒ぎがしたり、怖くなったり、拒否感が来ることがあります。

そういうときは、そっちに行ってはいけないというサインなわけです。

逆に、手探りで進んでいるとき、それでもどこかにきたときに、明るい気分になったり、ほっとしたり、うれしくなったり、良い予感や、希望に満ちるときには、暗闇の先の見えない静けさの中ではあっても、順調に良い方向に導かれているというサインです。

誰からのサインが出ているのかというと、もちろん、あなたの中にいる幸せの神様からの、サイン！

そういったサインを無視することがなければ、人は、一筋の光に出逢い、その光に先導されることになり、やがて、たどり着くべき場所に、たどり着くことになります！

先が見えないとき、それでも、自分の中にある感覚を信じて、一歩、一歩、進み、よろしくないサインに気づき、方向転換をするならば、間違った方向に連れていかれることもないものです。

それでも、間違った方向に行ってしまう人というのがいるもので、そういう人は、自分の中にやってきている感覚を一度は感じていながらも、頭の理屈で、何かを自分に対して説得し、強引に、不安を感じたまま進んでしまう人です。

心地よい感覚、いい予感、緊張のないリラックスした状態、明るいムード、うれしさ、楽しさ、ハッピー感など、自分の中にやってくる良い感覚をキャッチすることがうまくなると、どんな状況の中にいても、おかしな方向に進んでいくこともなくなるものです。

というのも、自分の中にやってくる、その内なる感覚こそ、あなたを守る幸せの神様からの応答であり、それは、宇宙的正解を伝えるものだからです！

〝支えてくれる存在〟があるだけで

何かをがんばるというとき、もちろん、自分ひとりでも精一杯がんばることもできるけれど、ときには、〝支えてくれる人〟がいるからこそ、がんばれるということもあるものです。

逆に、支えてくれる人を失ってしまったことで、それまでがんばれていたことに、もう一切、がんばれなくなったということもあるものです。

人間、ひとりではがんばれないことも、2人でなら、支えてくれる人となら、やっていけるということは、多々あるもの。

しかも、なにかと、つらい事情を抱えているというときには、なおのこと、自分たったひとりでは、がんばり続けることはできない。

つらいことを抱えているとき、一時的にがんばることは誰でもできるのかもしれない。

けれども、一生なにかをがんばり続けることでしか、そこでの幸せや成功はないとしたとき、そこには、心の支えや、人生の支えとなる人が、絶対に必要になってくるものです。

その支えは、家族かもしれないし、恋人かもしれないし、友人かもしれないし、仕事関係者かもしれないし、気のあう仲間かもしれない……もしかしたら、お客様かもしれないし、取引先の会社かもしれない。あるいは、まだろくに言葉も話せないような、幼い小さな自分の子どもかもしれない。

とにかく、心の支えとなる誰かがいてくれるからこそ、続けることができる生き方というのがあります。

あるとき、わたしは、心の支えを失ってしまいました。それまで、仕事でも、プライベートでも、その人が、何かと支えてくれ、サポートをしてくれていました。それを最初、感謝していましたが、いつからか、当たり前のように思い、気づかぬうちに横柄《おうへい》な態度にもなっていました。

当初の感謝はどこへやら、そのうち、愚痴や不満をぶちまけることが多くなっていったのです。

そんな関係が、こちらを支えることは、ありません。いつしか、2人の間に冷たい空気が流れ、失うことになってしまったのです。

その人を失ったとき、ぽっかり心に穴があいて、心から光が消え、体が動かなくなり、もう、何もする気になれず、前向きというのは、遠い言葉になるくらいでした。

誰かを励ましたり、勇気づけることなど、まったくできなかったし、もっと怖いことは、自分自身さえも、癒せなくなったことでした。

自分は見捨てられた気がしたし、置き去りされた気がしたし、それなのに世の中だけは賑やかに忙しく動いていて、すべてが哀しく映ったものです。

いつしか、晴れ渡る青空までもが、強い痛みに変わりました。

けれども、あるとき、ふと、気がついたことがありました。
それは、わたしは、大切な心の支えであった人を失ったことで、「すべてを失った」と思いこんで絶望していたけれど、実は、そうではなかった！　と。

そこには、大きな悲しみと孤独と痛みにふるえるわたしを黙って支えてくれる貴重な存在が、たったひとりいたからです！

その存在は、声も出さないし、姿もわたしの前に現わしたことがないので、直接この目で、目の前にして生の姿を見たことはなかったのだけれど、そのとき、はっきり、見えたのです！

それは、「自分自身」!!　誰ひとり、いなくなったとしても、いつも自分だけはそこに残っているではないか！

人は、他の誰かに支えられる必要はなく、本当は、自分自身に、いつでも、いやというほど支えられていたのです!!

この「自分」というのは、本当にすごい!

なぜなら、何も言わないし、他のすべての人が去ったあともなお残ってくれ、悲しみやつらさや涙や痛みや孤独や死にたくなる気持ちなど、やっかいなすべてを黙って引き取ってくれて、一緒に泣いてくれて、そこにいてくれていたのだから。

最初から、最後まで、一緒にいてくれた自分自身さん、生まれたときから死ぬまで、絶対に、かたときも離れることなく、ずっと一緒にいてくれる自分自身さん……ありがとう!

そして、ごめんなさい……支えてくれる人がもう誰ひとりいないだなんて、そんなネガティブな思い込みなど、うそでした！
だって、いてくれたんだ！　君がわたしの中に！　わたしのそばに、わたしのために！　わたしとともに、わたしだけを支え続けるために！

大切な支えを失ったと思っていたけれど、唯一、去らない自分自身というかけがえのない存在に気づいたとき、わたしは、うまく自分自身に救われるようになりました。そして、きっと、誰でもそうかもしれません。
「天は、自らを助くるものを助く」という言葉があるように、自分が自分を救い、支えるとき、自分の中の幸せの神様の力が無条件に働き始める！

自分自身の中に「幸せの神様」が入っているので、自分を見捨てるというのは、「幸せの神様」を見捨てるに等しい！

そして、人は、自分を完全に癒しきれ、ようやく救えたとき、また、自分のために動きだせ、誰かのために何かができ、再び輝けるのです。

支えてくれる人がいなくなったと悲しんでいる人は、どうか、思い出してほしい。誰よりも自分を支えてくれている自分自身が、幸せの神様とともに、ここにいるということを！

他人はあなたを簡単に見捨て、去ることがあるかもしれませんが、自分だけは自分を見捨てず、永遠に一緒にいなくてはならない。

そうでないと、何かをがんばるとかがんばらないとかいう以前に、生きづらくなるからです。

自分を決して見捨てちゃ、いけないよ！　そんなことをしたら、幸せの神様を見捨てるのと同じなのだから。

要するに、後は「気持ち」のみ!?

何かしらの願いや夢を叶えたいという人の中には、その願いや夢を叶えるための、〝あるもの〟が欠落していることが多いものです。

たとえば、その願いや夢をイメージでき、それを叶えたいと思っているということは、本当は、その人は、その願いや夢にふさわしい人であり、叶えようと思ったら、叶えられる人でもあるのです。

自分では、「私なんか……」と言っている人でも、よく話を聞いたり、様子をみていると、本人にその夢や願いを叶える力があり、必要な情報も持っており、それなりの実力や、資金や、人脈や、時間や、労力もある！　ということがあります。

それでも、「なかなか夢が叶わないのよ……」などと、悠長なことを言って、叶えられない状態をズルズル抱えている人がいるわけです。

それに必要なほとんどのものはある程度そろっていて、ときには、必要なものは完全に準備できている！　ということさえ、あるのに、です。

しかも、いますぐ、やろうと思えば実行可能なことも多く、その人なりにできることもたくさんあって、それをその本人も、うすうす感じているのに、それでもその夢や願いに対して、動き出せないという人がいるわけです。

では、どうして、その願いや夢に、とっとと向かわないのでしょうか？　欠けている〝あるもの〟があるとしたら、それは何なのでしょうか？

答えは、「気持ち」です！　気持ちがないから、いつまでたっても、チャンスが到来していても、まさに「いまだ！」というときでも、願いや夢に向かえないのです。

気持ちがない人は、結局、それ以外の必要なすべてを持っていても、まったく動けません。すべての状況が自分に「パーフェクト」にあっても！

覚えておきたいことは、想像を現実の世界につなげるエネルギーになるものこそ、〝気持ち〟であり、その気持ちを形にするものこそ、〝行動〟であり、その行動を通して、すべてのことは可能になる！ということです！

つまり、まず、気持ちありき！だということです！

最も肝心なものが、「気持ち」だということをわかっていないばかりに、多くの人は、チャンスが目の前にあっても、つかみきれないことが多いわけです。

逆に、おもしろいもので、必要な実力や資金や人脈などなくても、願いや夢をあっさり、叶えてしまう人というのがいるものです。しかも、何度も！そういう人は、気持ちが大きいのです！気持ちが、他のものを上回るくらい大きいので、その気持ちのパワーで、自分もまわりも動かしてしまい、世界を変えてしまうわけです！

気持ちがあるということは、あなたの中の幸せの神様の気持ちも、あなたに入り込みやすいということです。そして、その気持ちに共鳴するものが、自分のもとに惹き寄せられてくるだけなのです。

自分の願いや夢が叶わないということを、他の誰かや何かのせいにして、ぐずぐず言っている人は、自分に本当にそれを叶えたいという「気持ち」があったのかどうかを、問うてみるといいでしょう。

きっと、そこから、何かが、変わります。

第3章

運がよくなる☆種蒔きの秘訣

いい流れに乗って、
花を咲かせる！　実を結ぶ♪

宇宙とつながりやすい人の秘密

この世で、最も尊く、強い人がいるとしたら、それはいったいどういう人でしょうか？

ズバリ、答えは、「自分を信じて生きられる人」です！

そういう人は、ブレない、迷わない、倒れない！　から、自然と強くなります。そのとき、自分の中の無限の可能性と万能の力を持つ、絶対的存在である幸せの神様のパワーも強くなり、ダイレクトに宇宙とつながれます！

強いというとき、「強固」なイメージを抱く人もいるかもしれませんが、本当の強さとは、それとは真逆の「しなやかさ」にあります！

自分を信じている人は、しなやかに、のびのびと、たくましくいる人であり、そういう意味で、強いのです！

そのとき、宇宙も、あなたのために柔軟に働け、良い結果をもたらしやすいのです！

自分を信じる人でいるという、たったそれだけで、自分の中の秘密の力がぐんぐん発揮され、願いや夢や叶えたいことが、日常的に、たやすく叶うようになるものです！

そのとき、人生は軽やかに展開し、苦労知らずの進み方ができるようになり、「人生、楽勝♪」という感じになります！

自分の心の内側と仲良くなり、自分を信じて生きている人は、自分の中の幸せの神様や宇宙にも信頼を寄せていることになります。

その自分自身や自分の中の幸せの神様や宇宙への〝全幅の信頼〟が、あなたに〝奇跡のような人生〟をもたらしてくれるわけです！

そのとき、自分が誰かや何かを意図的にコントロールしなくても、起こってほしい物事は自動的に起こるようになり、ほしかったものが向こうからこちらに勝手にやってくるようになります！

シンクロニシティ（心の中の事情と一致するうれしい共鳴現象）は、ふつうのことのように起こり、タイミングよく、何かが助けられ、円滑現象とともに前に進んでいけます。

それは、まるで、魔法にかかったような現実です♪

自分を信じていると、内なる感覚がとぎすまされ、幸せの神様が現われやすく、宇宙とつながりやすく、〝高次の自己〟（ハイアーセルフ）とつながりやすくなります！　そして、すべての物事の良し悪しを、正しく見られる人になります。

つまり、心眼の開いた人となりやすいのです！

もし、「自分を信じる」ことができないとしたら、自分の中の幸せの神様や宇宙とつながることは、むずかしくなるでしょう。

いいや、実際には、誰もがすでに自分の中の幸せの神様とも宇宙ともつながっている！　けれども、自分を信じていないと、そういう尊い存在とつながっているということさえ、信じられないことになり、つながれなくなるわけです。

そうなると、幸せの神様や宇宙から、どんなサインやメッセージがやってきたとしても、受け取ることができなくなり、もったいないのです。

ちなみに、**あなたの中の幸せの神様からのサインは、いつも、心や体の感覚の快・不快を通して、何か大切なことを伝えてきます。**

それゆえ、幸せの神様が自分に伝えてきている真意を知りたいなら、自分の心や体の状態をしっかり感じ取ることが大切です。

ちなみに、幸せの神様や宇宙とつながっているとき、人は自分でそれがわかるものです！

というのも、そういうとき、たいがい、あなたの中には、不安や心配がまったくなく、心がほっとしていて、おだやかで、安堵に包まれているからです！

「生涯勉強！」その心の持ち方がいい人生をつくる

人は誰でも、自分の大好きな興味あることなら、時間と労力と金銭面での自由がある限り、いくらでも学びたいのではないでしょうか。

学びによろこんでたずさわる限り、それは確実に自分自身と人生のレベルを引き上げてくれる良いものとなります！

しかも、学んだすべては、現実的に使えてこそ、おもしろくなる♪

どんな学びも、学びというのは、人間をより良く拡大させる最強のチャンスを持っているものです。

これまで知らなかった何かを知り得たことで拡大した自己と、可能性の広がった未来は、たくましさと勇気を兼ねそなえており、必ず、それ相当か、それ以上の、幸せと成功と豊かさの恩恵をくれるものです。

これは、学びによって、心や見識が豊かになっただけでなく、それによって得られたものが宝物となり、自分を支えるものともなり、生き方を引き上げるからです。

興味を持って、何かを学ぶと、人も未来もいやでも成長します。現実をより良く変える力は、いつも、「人間は、生涯勉強だ！」と思うところから生まれるもの！

何かを学ぼうとするとき、そこには、自分を満たすであろう何かがそこにあり、それは、「こうなりたい♪」「こうしたい」「これを叶えたい」という意欲をくれます。

そして、人は、それを体得したあと、自分がどのように変わりそうなのか、その良い点をあらかじめわかっていたりするものです。そこには、目に見えない領域からくるパワーがあり、それこそが、あなたの中の幸せの神様が、あなたにさせたいことだったのかもしれません。

ちなみに、何をするのも、「三日坊主」という人もいることでしょう。良いものを体得する前に、やめてしまったりするわけです。

しかし、その「三日坊主」も、責めるのではなく、楽しんでしまえばいいのです♪

すると、そこから本当に出逢うべき素敵な興味や欲求や、自分にぴったりなものに出逢え、すごい世界にたどり着くことになるからです。

人生に無駄なことはひとつもなく、すべては必然！　学び、身についたことが、自分の身を助けることは、多々あります。

〝桜〟の気持ちに習う

いちばん大切なことの多くを人間に教えてくれ、尊いことを学ばせてくれるのは、大自然の働きではないでしょうか。

たとえば、見習いたいのは、桜の花です。咲いては散り、散ってはまた咲く、その「花」の姿ひとつをみても、感動的な学びや手本となる姿が多くあるからです。

たとえば、桜は冬の間、準備しています。寒い寒い季節の中で、暗く冷たい土の中で、厳しい環境の中、それでも根を張り、栄養分を吸収しながら！

そのとき、

「今年は、わたし、ちゃんと咲けるかなぁ？」

「人に好かれるきれいなピンク色になれるかなぁ？」

「みんな、わたしを見てくれるかしら？」

「もし、誰も、私にふりむいてくれなかったら、どうしよう」

などと、そんなことは、きっと、何も心配していないのかもしれません。

それは、桜に余裕があるから？　それとも、信じているから？　過去の自分を？

いや違う……必死だからだ。あたたかい春を迎えるために、地上に姿を現すために、本当の自分になるために！


誰も見ていないところで、陰で努力をしてきたそのひたむきさがあるからこそ、また、寒い季節に乗り越えた努力のすべてがあるからこそ、咲いたとき、多くの人を魅了するあの感動的な美しさになるのです。


もしかしたら、誰もが、心のどこかで、こう思っているかもしれない。

「桜だけは、他の花とは違う趣がある」と。

桜が咲くと、多くの人が桜のまわりに集まってきます。そうして、桜はその賑やかなムードの中で生きることになります。けれども、散るほどに、今度は、人も離れていき、やがて、ひとりで完全に散っていくことになる……。

それって、悲しいこと?

いいえ、桜は、咲き誇って、もう大満足で、散ったのかもしれないし、桜は、何も思い煩っていないのかもしれません。

なぜなら、自分は桜であるからこそ、「また来年も、その次もと、ただ、懸命に、自分らしく、〝咲くことだけ〟に力を注げたら、それでいいのだ」と。

そして、あなたの中の幸せの神様も、同じことを伝えてきているのかもしれません。「あなたらしく生きられたら、それでいいではないか」と。

収穫以前に大事な「種蒔き」☆

それがなんであれ、もし、何かを「収穫」したいというのなら、しかも、それを〝確実なもの〟にしたいというのなら、収穫時期をみこしたうえで、しっかり、種蒔きをすることです。

たとえば、成功して、地位や名誉や財産を得ている人や、ほしかったチャンスや幸運をつかみとり大きな夢を叶えている人は、確実に、事前に、自発的に、そのための種蒔きをしているものです。

しかも、その〝種蒔き〟は、人知れずなされています！

誰も知らないうちにたったひとりで行われているものです。他の人たちが、

「まだ寒いから、動きださなくてもいいだろう」と思っているような寒い時期に、かすかな〝春の足音〟を遠く耳に聞きながら！

その〝春のあしおと〟は、陰と陽の極まりで、何かが終わるところと始まるところの際にある静けさです。

その感覚に「いまだ！」という魂の声をキャッチして、必要な種蒔きをしているものです。

その、「いまだ！」というのは、あなたの中の幸せの神様が、「いまこそ、動くベストタイミングですよ♪」と教えてくれている声を、あなたがキャッチできたということです！

そして、他の人たちが、完全に春がきて、ぽかぽかあたたかくなってから、「ぼちぼち、何か始めよう」「そろそろ、動こうかなぁ」と、重い腰をあげるときには、大きな差をつけている！

先に、グッドタイミングで、必要な種蒔きをしていた人の種は、すくすく芽を出し、地上に現われ、存在感を持ってそこにあり、必要な多くのものを惹き寄せて、望むものを自然に手に入れています。

種蒔きをして行動する人、のちに宝物を手にする人は、寒いときにこそ、もう、春の兆しがきていて、スタートの合図なのだと知っているものです。

その寒さというのは、季節的なことでもあるし、心の孤独でもあるし、人生の冷えきった低迷期ということでもあるのだけれど。

そうして、そういう状態が極まったとき、運気が好転するときであり、新たな人生に種蒔きをするグッドタイミングなわけです。

いつでも、人生が完全に冷えきったときが、そのタイミングだとわかっておきたい！　極まっているとき、そのすぐ後ろに、あたたかいものが待っている!!

完全にあたたまるのは、アイデア！　生命力！　希望の光！

これは、単に、「早いほうがいい」と、いっているのではありません！　極みと、春の兆しと、変化の境目を、逃さずつかみとることが大切だということです。

ある意味、それは、むずかしい？

それは、自分の〝ちんけな物の考え方〟でわかるものではないけれど、自分の〝大いなる魂のうずき〟で、わかるものだからです！

その、収穫の時期と種蒔きの時期は人によって違うものでもあります。それは、魂の成長が人によって違うからです。

ある人は、20代で、ある人は40代や50代でしか、それをわからないのかもしれません。

けれども、どのみち、グッドタイミングはやってくる！「いまだ！」という声は！　そうして、そこから人生が大きく動きだすことになるのです！

ちなみに、種蒔きしているとき、人は、それがどんなに大輪の花を咲かせることになるのかを知らないでいるものです。

それでもその種蒔きはなんだかとてもときめくので、いい方向に行っているに違いないということだけは、感覚としてわかります。

そうして、実際、現実は、その感覚が正解であったと教えてくれるような素晴らしい大収穫をくれます！　そばには、奇跡の花も咲いている♪

種蒔きしたものは、必ず育ち、収穫をくれるもの！　それは、いい種であっても、よくない種であっても。だからこそ、良い種を蒔ける人でいたいものです。

もし、奇跡の花を咲かせたいというのなら、「奇跡は起こる!」と信じて、良い種蒔きをしなくてはなりません。その心的態度と実際のアクションこそが、実を結ばせるものになるからです! それ以外に確かなものが、この世にあるでしょうか!?

勝利は、夢中になっている人のもの！

人が、最も成功してしまう状態というのがあるとしたら、それは、どういう状態でしょうか？

その答えは、いつも、どんなときも、

「わたしにはこれしかない！」と、たったひとつの道をめざしているときです！

そう、なりふりかまわず、ただひたすら、〝無我夢中で何かをやっているとき〟です！

ときには、その人よりももっと才能のある人やもっとすごい人がいたとしても、無我夢中で自分の道をゆく人は、いつのまにか勝利してしまっていることがあるものです。いつのまにか上に昇ってしまっていることがあるものです。

そういったことが起こる理由は、より才能のある人がそれにふんぞりかえって、何もしなくなるからかもしれません。気を抜き、よそ見し、力を抜いて、いいかげんにやってしまうからかもしれません。

そのとき、あとから本気で追い上げてきた人が、なりふりかまわず夢中でそれをやった人が、みごとに勝利するわけです。

夢中になっている人を誰も止められない！

幸せの神様も、夢中になってその人自身をサポートするからです！

何かに夢中になっているとき、はたからみれば、しんどそうに見えることも、とうの本人は、ただ楽しくやっているだけのことが多いものです。

そこには、しんどい努力はなく、切磋琢磨とキラキラした輝きがあるだけです。そうやって夢中になれる、よろこびがあるからこそ、結果もついてくるのです。

さて、昔、何かに夢中になっていたことのある自分が、あとで、何もなくなったように感じる自分に、大切なことを思い出させ、尊いことを教えてくれ、自分を復活させてくれるということがあるものです。

そして、そこには、絶対に、素直でピュアでポジティブな自分の姿があるものです。それを、のちに、みつめる価値は大きい！

完全なる〝自由な人生〟を叶えるために

窮屈で何かと規制の多い、この社会のルールに縛られて生きていることにいやけがさすとき、人は、「もっと自由に、自分らしく、のびのびと生きてみたい！」と、切にそう思うことがあるものです。

もし、そんなふうに、あなたが、完全なる〝自由な人生〟を生きたいというのなら、そのためにすべき大切なことを、ただよろこんで自発的にプランし、そうしよう！　と決めたことを、ただ単に、実行に移すだけでいいのです。

自由をつかむのは、難しいことではないのかもしれません。

実際、この社会には、２対８の法則というのがあって、自分の決めた道を自由に謳歌《おうか》して生きる２割の人と、その他大勢と同じように生きる８割の人がいるだけで、そのどちらの人になるのかは、自分で決められるわけですから。

思い描いた理想の人生のイメージと、それらにフォーカスしたときに湧き上がってくる閃《ひらめ》きやアイデアを通して、ひとつひとつ何か行動に移すなら、それは可能になります！

とにかく、完全なる〝自由な人生〟を生きるためには、そういうものを準備しようという気持ちが大切になってきます。気持ちを準備することは大切なことで、それなくしてはこの先、何も始まらないからです。

そこにある思いやイメージや閃きから生まれた人生プランは、もしかしたら、これまでの自分のすべてをくつがえすかもしれないし、これまでの人生のすべてを捨ててしまうことになるかもしれません。

いや、これまでのすべての大切なことの核のみ、持っていくことになるのかもしれないし、何か、たったひとつだけをたずさえていくことになるのかもしれません。

ひたすら、思い浮かぶ限り、可能な限り、いや可能かどうかもわからないということまでも含めて、自分の心に沿った道をプランすると、とてつもなく魅力的で、キラキラ輝いた人生が視えてくるものです！

そして、ここで覚えておきたい大切なことは、完全なる〝自由な人生〟をプランする際には、他人がどう思うかを気にする気持ちは、完全除外しておく！　ということです。

そもそも他人というのは、人の言動に、なにかと口をはさんできたがるものです。それが正解かどうかもわからないような、理論・理屈、偏見や、一方的な考え、手前勝手な意見を。

あなたの「これから、こうしようと思うんだよね♪」という、希望に満ちた人生プランに、「あら、もっと、こうしたほうがいいわよ」「こうするほうが、いいんじゃない？」あるいは、「そんなこと、うまくいくわけない！」「心配でみていられない。あなたを思えばこそ、言ってあげているのよ」「失敗したらどうするの？　やめておいたほうがいいわよ」などと、なにかと無責任に言うわけです。が、その人生を生きるのは、他でもない自分自身です。

自分の人生計画が狂ったり、こんなはずではなかった！　ということになるのは、いつでも、自分だけのキラキラ輝く「神聖な領域」に、他人が土足で踏み込んできたときだけだと、わかっておきたいものです。

もちろん、土足で踏み込ませてしまったのは、自分の責任かもしれません。あらかじめ、「私の神聖な領域に、土足で入って来る人、お断り！」としてもよかったのですから。

けれども、そういう人より、ある意味、もっとやっかいで、避けたい人が、この世の中にいます。

それは、誰？　それは、完全なる〝自由な人生〟を望んでいるといいつつも、何度も邪魔してくる「自分自身」です！

よく考えてみると、他人があなたを邪魔しているということは、少なく、そういったことがあったとしても、しょせん、たいしたことではありません。こちらがその邪魔を許さなければ、邪魔などできないわけですから。

それよりも、「自由な人生なんて、あるわけない！」「そんなこと、きっと無理！」「右にならえで、みんなと同じ生き方をしないと」と言っている自分自身のほうが、よほどたちが悪いものです。

邪魔してくる他人からはサッと離れることもできるけれど、邪魔してくる自分からは逃れにくいわけですからねぇ。

さて、わたしの真言密教のお師匠さんのあじゃり様は、かつて、人間関係のしがらみと、何もかもが理不尽で、制限と限界に満ちた、厳しくてつらくて不自由な人生の中にいることに、ほとほと嫌気がさしていました。

彼は、高学歴で、優等生で、エリート街道まっしぐらで、高収入を得て、社会的立場のある、成功した人生の中にいたにもかかわらず、そんな人生をすべて捨てて、あるとき突然、お坊さんの道に入ったのです。

「いろんなものに縛られ、馬車馬のごとく働くだけの意味のない生活など、すべて捨ててしまいたい！　そんなことより、真実を教えてくれる仏の教えに帰依したい！」「僧侶になりたい！」「自由になりたい！」「自分らしい本物の人生を探求したい！」と。

そのとき、彼の奥様は驚いて、戸惑って、心配で、こう言ったといいます。

「いやよ！　私は反対よ！　いまの生活を捨てるなんて！」「僧侶になるだなんて、一体、これからどうやって食べていくつもり!?　もしも、生活できなかったらどうするの!?」と。

するとお師匠さんは、奥様にこう言ったそうです、

「もし食べていけないとしたら、それも運命。何も食べるものがなくなって、餓死するというのなら、そのときが死ぬときでしょうよ。ジタバタしてもしょうがないだろう…。

わたしはもう、すべてをあきらめて、すべてをあきらかにしていくつもりだ。この道で生きると決めた限りもう何も恐くないし、この命がいつか終わる日さえも、恐れてはいないのだから」

と、寸分の迷いもなく、落ち着きはらって、そう言ったといいます。

「そういう生き方の中にも、本当の自由はあるのだ」と。

いま奥様は、その当時、心配していたようなことは何も起こらなかったと、笑っています。そしてお師匠さんは、世界中に渡ってユニークな活動をしています。お金もなぜかどこかから入ってくるという具合です。

完全なる〝自由な人生〟は、一見、手に入らない困難なもののように思え

るでしょうが、そうではないのです。

完全なる自由な心が、完全に何かを決め、それを素直に実行したとき、勝手に叶っているだけなのですから！

第4章

うまくいく人になる☆気づきのサイン

学びと経験から、
人生を好転させる♪

いまが不本意なら、〝変える力〟を持ちなさい

もし、いま現在の人生が気に入らないもので、不本意極まりなく、こんなはずではなかったというのなら、それをあなたは本当に満足するものに変えられます！

そこにある不本意な人生は、どういうわけかできてしまった偶然の産物ではなく、必然的にできてしまったからです。

どんな必然のもとでそれができてしまったのかというと、自分の中心から考えたことではなく、外側の何かに合わせたことや、本質ではなく条件的なものにだけ反応したこと、信頼からではなくあざむいたことで、愛からではなくエゴで何かをしてしまったことでそうなったのです。

自分がつくってしまったものであるなら、自分がつくり変えることができます！

本当に望む人生を築きたいというときには、一切のごまかしが自分の中にあってはいけません。

自分の中にごまかしがあるというのは、そのまま、自分の中の幸せな神様や宇宙をも、ごまかしたも同然になるからです。

「本当はこうしたいのだけれど、しかたなしに、この程度でがまんしている」というのでは、どこか受け入れがたい現実が現れるだけです。

たとえば、もし、自分の命の時間が、あと少ししかないとしたら、人は、不本意なことや、よろこびのないこと、この程度でいいというようないい加減な生き方に、つきあっているひまなどないことでしょう。

そのような生き方でいれば、本来、もっと早くに、もっと確実に、人は本望の人生を叶えていくのがうまいはずです。

いつでも、何かを変える力は自分にあります！　そして、何かを変えたいと思ったときに、自動的にその力は現れるので、何も心配いらないのです！

また、本当に人が何かを変えたい！　と、心から思っているときには、その思いが自分に拍車をかけ、衝動的な行動に出るものです。そのとき、未来が、新しい人生へと、あなたを誘っている証拠でもあるのです！

幸せになるために、最初に捨て去りたいものはコレ！

幸せになるためには、自分を幸せにしていないもののすべてを、すっかり、いさぎよく、ぜんぶ捨て去る必要があります！

自分を幸せにしていないものだとわかっているけれど、なんとなく捨てきれないからと、ちょっとだけよくないところをいじろうとか、あと少しだけそばにおいておき、そっと様子をみようとか、そんなことは、あまり意味がありません。

また、自分を幸せにしていないものがそこにあるとわかっておきながら、一時的に気分転換させてくれるもので気をまぎらわせたり、他のものを頼ってごまかしたり、他の何かとすりかえるというのも、ダメです。

小手先だけで、何かをいじったからといって、たぶん、あまり、何も変わらないことでしょう。

幸せではないすべてのものを捨て去らないと、本当の幸せはこないのです！

なかでも最初に捨て去りたいものがあるとしたら、「こんなわたしなんか……幸せになどなれないかもしれない」というようなネガティブな思い込みかもしれません。

よく考えてみれば、それこそが、いつも自分を不幸せにするものではないでしょうか。

自分の考えに、自分の環境に、自分の人間関係に、ちっとも幸せを感じられず、ほとほと嫌気がさしているというのなら、いまこそ、それらを捨て去り、そこから離れ、本当に幸せになれる場所へと、移るときかもしれません。

幸せなものと、幸せではないものを、混在させて持っているままでは、人生はあまり変わり映えしません。いや、より良く変わろうとすることさえ、むしろ、壊されがちになるでしょう。

というのも、いつでも、幸せでないものが、幸せなものを容赦なく壊しに来るからです！　そのとき、人は、あったはずの幸せを修正するために、心と時間と労力を使い果たしてしまうことになります。

本来、自分にとって、幸せなことだけがあれば、人は、心と時間と労力を使って、もっとかんたんに、大きな幸せを生み出すことができるのです。

それはとても、自分が楽で、快適で、楽しくて、実にハッピーなことです！

そして、あなたの中の「幸せの神様」は、本気で幸せのみを選ぼうとしているあなたに、しっかり報いることになるのです！

変わることより大事な「元の自分」に戻ること！

ときには、何も変えてはいけない、変わってはいけない、ということがあったりします。そう、むしろ、変えたり、変わったりする必要など、最初からなかったのだ！　ということが。

それは、自分自身について言えること！

そのとき、すべき大切なことは、何か他のものに変わろうとするのではなく、ありのままの自分の良さや価値や魅力をみつめなおし、「元の自分に戻る」ことです！

「元の自分に戻る！　そう、元の元気なありのままの自分に！」

たったそれだけで、人は、うまくいっていない何かから抜け出し、事態を好転させるチャンスをつかみ、うまくいきはじめることがあるものです！

それまで調子の悪かった自分が、再び順調に進めるようになるということが、あるわけです。


「元の自分に戻る」ということは、ある意味、何かを大きく変えることよりも、はるかにすごいこと！


というのも「元の自分に戻る」だけで、その人は、最初から自分の中にあった本当の力を取り戻せ、忘れていた大切なことを再発見し、あらゆる場面で、本領発揮することができるのだから。

そのとき、自分でも驚くようなすごいことをやってのけたりします。

それは、自分を取り戻した人だけが持てる本物のパワーであり、魂の底力が働くからです。

そうして、あとでわかるのです。

「私は、このままでよかったんだ！　それなのに、なぜ、あのとき、自分の何を、どこを、どう変えようとしたのだろう。あんなにも自己卑下してまで。あんなにも、他人をうらやましく思ってまで」と。

自分が変わる必要がなかったことを知った人は、ありのままの自分にこそ価値があったことをわかった人は、いつでも、無敵です！　というのも、自分を精一杯生きることの尊さに目覚めるからです！

迷っているときは、迷うにまかせる

迷っているときは、無理に決断を下さないことが、重要です。というのも、そのとき、その時点で、どうしても、「答えを出せない」ということこそ、宇宙の時間調整が入っている証拠だからです。

「どうすればいいのか、迷ってしまう」
「どうしても、いま、それを決める気がしない」
「もう少し様子をみたい」
「いまいち積極的になれない」
「どっちにすべきか答えが出せないし、いま、どちらかにしてはいけない気がするから、しばらくこのままにしておきたい」

そんな気持ちに素直に沿い、あえて前に進まないことで、守れる運もあります！
そのとき、先の展開をすべて知っている、あなたの中の幸せの神様に、しっかり協力していることにもなるのです！

覚えておきたいことは、あなたの中の幸せの神様は、何もあなたをせかすことはしないし、あせらせもしないということです。また、故意に何かを決めさせたりもしません。

いつでも、あなたの中から、自然に出てくる、無理のない答えを好み、それを受け取れるのをよろこんで待っているものです。

あなたが、迷う気持ちにまかせて、時間の経過と状況をそっと見守っていると、ある瞬間、はっきりと答えが出せるシチュエーションがやってきます！

そのとき、すっかり迷いはなくなっており、正しい答えをつかんでいるものです！　そして、その正しさに驚くことになります！

というのも、迷うにまかせて、答えを出さずにいる間に、すごい出来事がやってきて、あなたにとって最も良い結果につながる場面へと、連れていかれているからです♪

それは、あなたの中の幸せの神様の導きでもあります！

そして、あなたは、

「こうなるために、あのとき迷い、答えを出せずにいたのか！」

と、その時間経過が必要だった意味や、宇宙の真意がわかるのです！

そして、わかっておきたいことは、実は、迷っているときも、しっかり幸せの神様や宇宙とつながっていたということです！

迷っているとき、あなたは決してひとりで苦しんでいたのではなく、幸せの神様や宇宙とともに、ベストタイミングで、確実に行くべき方向へと、進んでいたということなのです！

形になるもの、ならないもの

どんなに自分ががんばっても、どんなにあれこれ工夫しても、どんなになんとかしようと協力的でいても、どんなにそれを良いほうに動かそうとしても、形にならないものというのが、ときどきあるものです。

形になるものと、形にならないものというのは、いったい、どこが違うのでしょうか?

それは、エネルギーです!!

それが何であれ、形になって、世に出ていくものには、それなりのエネルギーというものがしっかりあります。波動が現象化するためのエネルギーが！

逆に、形にならないもの、日の目をみないものには、そのエネルギーがないんです。現象化するための波動になっていないということです。

形にならないものは、どこか弱弱しくて、どこか頼りなくて、どこか中途半端で、どこか動きが鈍くて、どこか流れが悪くて、どこか人を不安にさせて、どこか「やめておいたほうがいいのかもしれない」と、そう思わせるところがあったりします。

それは、かかわる人のエネルギーの問題である場合もあるし、それそのものが、世に出る必要がなかったりする場合もあります。

それはいい・悪いではなく、望まれる・望まれないでもなく、持っているエネルギーの質のせいで、それゆえ、なるようにしかなりません。

なるようにしかならないものは、そっとしておくしかないのです。

そうすれば、もしかしたら、あるとき突如、何かが加わって、チャンスを得て、エネルギーが良い方に変化して、形になるかもしれません。

あるいは、逆に、弱弱しかった最初のエネルギーは、持ちこたえる必要をなくして、そのまま、もう完全に消えてしまうかもしれません。

そのどちらであっても、それはそうなるにふさわしいものなのです。そうである限り、あまり、気をもんでもしかたないわけです。

どういう結果になるにせよ、「ありがとう。こういう結果を与えてくれて」と、とるしかないのです。それは、あきらめることでも、みじめになることでも、絶望することでもありません。

あなたが、本当に形にすべきものに対して、今度は、しっかり本気でエネルギーを注ぐ必要があるというだけの話です。

そして、それは残念なことではなく、新たなチャンスになっている素晴らしいことだということです！

「まだ、叶っていない夢」にもある、すごい効用

まだ叶っていない夢があるからこそ、生きるのが楽しいということも、この人生にはあるものです。


「いつか、それを叶えるぞ！」

「きっと、それは、叶うに違いない！」

「叶ったあかつきには、きっと、自分はこうなる！」

「バラ色の人生が待っている♪」


そうやって、叶っていないけれど、叶えたくてしかたない夢に向かうことで、励まされ、元気になれるということは実際あって、それがその人自身や人生を、支えているということが多々あります。

夢を叶えることではなく、「夢見ることが好き♪」という人も、いるわけで。

そんな人は、もし、すべてが叶いきってしまったら、どうなるでしょうか？

きっと、胸は、もう、ときめかなくなるかもしれません。というのも、みていた夢が叶うとき、それは「現実」になるわけで、そこには、叶ったよろこびとともに、何かイメージしていたのとは違う〝別のもの〟もそばにあるかもしれないからです。

そう、たとえば、責任感とか、プレッシャーとか、叶った状態をキープするための新たな努力が必要な生き方とか。

「夢見ることが好き♪」という人には、叶ってしまったからこそ夢見ることができなくなったという、さみしさや怖さもあるものです。

もしかしたら、最も幸せで、感動的なのは、「まだ叶わない夢があって、それに向かうピュアな気持ちとひたむきさがある」状態ではないでしょうか。

しかし、それは、既にいくつかの夢を叶えた人だけが、「次は、これ♪」と、楽しめる状況でもあるのかもしれません。

たとえば、どんなに夢見て、どんなにがんばっても、何ひとつ、いっこうに叶わず、時間と労力とお金だけがどんどん減っていくとしたら、「いったい自分は何をやっているのだろうか？」と、虚しくなったり、打ちひしがれるかもしれません。

叶えたいものがなかなか叶わないというジレンマとストレスから、ときには、ひねくれたり、意地悪になったりするかもしれません。

落ち込んで、自信を失って、立ち直れなくて、うつ状態になったりするかもしれません。もしかしたら、自暴自棄になって、心を腐らせ、ダメになってしまうかもしれません。

まだ叶っていない夢というのは、人に、大きく幸せな夢をみせてくれもするけれど、ときに、人を疲労困憊させてしまうこともある取扱注意なものでもあります。

ちなみに、ある心理学者が、「人のがんばりや努力は、3年が限界だ」と言っていたのを聞いたことがあります。

「3年を過ぎても叶わないと、人は努力を放棄する傾向にある」と。そして、それ以上の年月がかかる場合は、途中で、夢みることをやめてしまう人が多いのだと。

とはいうものの、10年、20年かけて、何かしらの夢を叶える人も実際にはたくさんいるものです。そういう人は、3年であきらめてしまう人と、何が違うのか？

答えは、「しつこくあきらめない」というところが、あるかないかでしょう。

あきらめない人が、遂にそれを叶えてしまうわけです！

できれば、そうでなくっちゃ！　自分が愛している夢の道ならば！

ちなみに、私が作家デビューできたのは、そうなりたいと思って20年も経ったあとでした。

長い年月を経て、それが叶ったら、どんなにうれしいだろうと、あれこれ想像していたけれど、実際はうれしいというより、「やれやれ　ようやく叶った」という、安堵のほうが大きかったものです。

しかし、その安堵もつかの間で、現実にはやらなくてはならないことがたくさん押し寄せる毎日でもありました。まぁ、好きなことだから、それが苦にならないわけですが。

決局、人は、「安堵」したいんですよね、その夢を叶えて♪

そして、まだ叶わない夢があるからこそ、それに向かえ、今日も生きていられるのです！　明日を生きる希望を抱いていられるわけです！

だから、まだ叶わない夢にも、ときには「ありがとう」と伝えたいものです。

ちなみに、夢は、その人を支えるだけでなく、夢に向かう途中経過でその人自身を成長させてくれ、強くたくましくしてくれます。その人自身、がんばる自分を知ることで、自分を好きになれ、認められるようになりますし、何かをやった分だけ自分に自信もつきます！

だから、叶っていない夢がくれる恩恵もわかっていたほうがいいのかもしれません。何か夢がある人は。

さて、たまに、年老いた人と会うと、「昔、私にはこんな夢があってね」

と、自分の夢について、うれしそうに話してくれることがあるものです。

そういう人をみていると、いかにその夢がその人の心や人生を豊かにしていたのかを、うかがい知ることができるものです。

そのとき聞かせてもらったこちらの心まで豊かになるのを感じるとき、やはり、叶った・叶わなかったに関係なく、夢を持つのはいいものだなぁと、しみじみ思うものです。

「信じている証」が、自分の中にありますか？

何かや、誰かや、あることを、「信じている」というとき、自分がそれを本当に信じているのかどうかはすぐにわかります。

というのも、**「信じている」とき、それとは反対のことが一切浮かばないからです。**

ときおり、信じていることと反対のことを考えたり、ふと何かを疑ってみたり、ちょっと何かを微妙に感じるというのなら、信じていないのと同じことです。

「本当は信じていないぞ！」と潜在意識下で叫んでいることになります。

本当に、人が、何かを信じているというときは、もやもやしたりしないし、不安になったり、怖れたりしないものです。

そこには、唯一、「確信」があるのみです！

信じていることが、ちゃんとこの現実に起こってほしいのなら、自分の信じたいものを、最後まで信じていなくてはいけません。心底揺るがぬ思いで！

だからといって、信じようと無理に力む必要もありません。

というのも、むしろ、信じているときは、心がとても軽やかで、すがすがしく、力むということとはほど遠いものだからです。

それゆえ「信じている」とき、その軽やかなエネルギーによって、物事はたやすく起こります。そう、信じていた通りに！

信じているとき、何かを無理に自分に信じ込ませようとする努力は一切なく、自分が楽に前に進め、物事も楽に前に進みだします。

「信じるものこそ救われる」というのは本当なのです。

信じる気持ちは、結局、自分自身と自分のすべてを後押ししてくれます。

そのときまわりの大勢が、「そんなこと信じていても起こらないわよ」と言ってきたところで、なんの障害にもなりません。なにせ自分の中に障害がひとつもないのだから。

しかも、「信じている」と、あなたに信じられている対象も、不思議とこちらに報いようとしはじめます。

そのとき新たな可能性のドアがまぶしい光を放って、突然開くのです！

そして、信じていたものは、その通りになるのです。いえ、それ以上のうれしい形で、幸運のおまけつきで、叶うのです！

わかっておきたいことは、それが良いことであれ、そうでないことであれ、なにを信じようとも、あなたが信じたごとくになされる！　ということです。

ちなみに、あなたの中の幸せの神様は、あなたの信じているものをあなたに届けるのが、大好きです！

第5章

目に見えない世界を感じる☆真の教え

ひととき“無”になれば、
すべてが“有”になる！

ひとりの時間☆そっとロウソクを灯す

目にみえない存在や、好きな神様や仏様に、手を合わせる習慣を持つことで、人は、大きな安らぎと安堵を覚えるものです。

ひとり静かな時間を持ち、ろうそくに火を灯し、お線香の香りに包まれるとき、「守られている」ことのありがたさを感じずにはいられないものです。同時に、自分の心にも一瞬で明るく優しい火が灯り、あたたかい気持ちになれるものです。

神仏の中でも、特に、観音さまに手を合わせるときには、そのお優しいお顔とお姿に、無条件に癒される人も多いことでしょう。

実は、観音さまには約2000もの種類があると、あるお寺のご住職さまに聞いたことがあります。その中でも、観音さまの中の観音さま!! ともいうべき、スーパースター的存在が、十一面千手千眼観音さまです。この観音様、とにかく、最強の存在！

われわれ衆生をあらゆる悩みから救いだしてくれるのはもちろんのこと、願いや夢を叶えたいというときにお願いすれば、千の手だてと、あらゆる手段を駆使し、どんな願いもみごとに叶えてくれるといいます。実際、私も、これまで本当にたくさんの夢や願いを叶えていただきました。

とにかく、「なんとしても、この人を幸せにしよう！」としてくださるその救世力と幸運力は半端なく、大きなご加護をくださるのです！

実は、わが家では、仏縁があってお不動さまと弁財天さまの他に、この十一面千手千眼観音さまも、一緒におまつりさせていただいているのですが、観音さまがそばにいてくださるおかげで、癒され、安心し、心丈夫に、毎日を平穏無事に過ごさせていただいております。

ちなみに観音さまの前には、お不動さまの守りがあり、そのおかげで、観音さまは、邪悪なものの妨害を受けずに、安心して、世の人々を救い、善なることを世にひろげることができるのです。

また、観音さまとお不動さまの背後には、宇宙そのものである仏、大日如来の大いなるパワーがあります！

観音さまと、お不動様と、大日如来さまの、三位一体のご加護を受けるとき、怖いものは何もありません。すべてが安泰です。

さて、その、十一面千手千眼観音さまのご真言は、

「オン　バザラ　ダルマ　キリ（ク）ソワカ」

くりかえし唱えてみるとわかりますが、なんともいえないあたたかい波動と大きな安堵に包まれ、自然に感謝の気持ちがあふれます。

神様や仏様とともに暮らすというのは、なにも、いいことがほしいとか、

なにかを叶えてほしいということではありません。

自分自身が、深い慈悲と無償の愛に満ちた安堵を感じられることで、いろんなつらいことも乗り越えられ、なんとか今日も元気に生きていこうと、素直にそう思える人でいられるということです。

手を合わせることを通して、自分が自分をより良く支えられるようになるからいいのです。

結局、どんな人生の中にいても、この現実の中を実際に生き、前に進み、必要な物事に関わっていかなくてはならないのは、自分自身だからこそ、そのための〝心の力〟をいただけることが、何よりもありがたいわけです。

さて、ときに、人は、自分の抱えている現実がつらいことばかりで、「神も仏もないのか！」と思うような状態になるときもあるものです。そういうときには、素直に、神仏に向き合えないこともあるでしょう。

けれども、そんなときでも、そっと、ひとり、ロウソクを灯し、お線香をくゆらせると、静かに心の中に良い変化があるのを感じられるものです。

そういう時間を持つことがあるというだけで、人は、日常の中で、救われる良いきっかけを、何度でも持てる人となります。

そのとき、神秘的なそのムードが、目に見えない尊い存在と、「つながっている!」と確信させてくれたりもします。

その瞬間、自分の中から湧き上がってくるパワーのなんと、強力なことか!

そういう内側から湧き上がる力をいただけることが、手を合わせるという行為の、素晴らしいところかもしれません。

ちなみに、手を合わせるというとき、たんに仏像という固形物を拝んでいるのではありません。その仏像を通して、〝あちらの世界〟に想いをはせるということです。

手を合わせるといっても、人は何もない場所では、手を合わせるきっかけをうまく持てないものです。それゆえ、目にみえる仏像的なものがそこにあるだけで、目にみえない神聖な世界に、つながりやすくなるわけです。

さて、とにかく、観音さまは、こちらのすべてをぜんぶお見通しです。どこまでも、なんでも。

それゆえ、**観音さまの前では、何もごまかしがききません。観音さまの前では、まる裸の自分でいるしかなくなります。**

それだからこそ、心を汚さぬようにと、完全にはダメにならないようにと、人は、正しく努力する自分でいられるのかもしれません。

そして、手を合わせていると、こんな言葉が聞こえてくることがあります。

「大丈夫！　まもなくすべては報われる！　もう、なにも心配いらないよ」

「きっと、それは、うまくいく！」と。

その、言葉を感じとりたくて、ろうそくに火をともし、お線香を焚き、観音様と向き合うことは、素敵なセルフケアのひとつになるのかもしれません。

損得を捨てると、奇跡が起こる♪

自分が何かをやるときや、誰かと関わるとき、人生を動かそうとするとき、仕事の方針を見直すとき、何かの取引に向かうとき、「損」か、「得」かと、そういったことを捨てて進むほど、なぜか勝手に、それがうまくいく方向に転がりはじめます。

また、何かしらの交渉や契約や誰かの返事に対して、「Ｙｅｓ」や「Ｎｏ」にこだわらないでいればいるほど、なぜか相手がよろこんで「Ｙｅｓ」と言い、幸運のおまけまでプレゼントしてくれるものです。

それは、あったらうれしいけど、なくてもいい。
持ったらうれしいけど、持てなくてもいい。

手に入ったらうれしいけど、手に入らなくてもいい。

「Yes」の返事をもらえたらうれしいけど、「No」でもかまわない。一緒にいてもらえればうれしいけれど、いてくれなくてもいい。

ということなのかもしれません。


といっても、それはなにもあきらめ半分の気持ちでいることでもないし、ひねくれているのでもありません。物事がどう転んでもいいという、どんな状況をも受け入れられる自分がいるだけです。

そんなふうにニュートラルな状態でいると、自分がとても楽にいられ、自分の中の幸せの神様も宇宙も、あなたのために楽に事を起こせるようになります。


それがなんであれ、成就のカギは、すべてのこだわりを、まったく一切持たないでいられることです！　捨てれば捨てるほど、ひろえる幸運があるというのは、なんという宇宙の優しさでしょう！

自然の成り行きにまかせるというとき、それは一見、無責任に物事を放棄している姿にもとられそうですが、そうではありません。

限りなく自発的に宇宙に最善の協力を申し出るという姿勢なのです。

人は本来、幸せになるようになっている！

人は、本来、幸せになるようになっています！

この宇宙の成長の法則、生成発展の法則、飛躍成功・上昇の法則によって、生まれ出た魂というエネルギーはすくすく育まれ、ごく自然に成長と進化を叶えていくようになっているのです。

そもそも幸せになるようになっているということが、自然本来の約束ごとだとわかっている人は、なにか気持ちが沈むことやうまくいかないことや、不運のようなものを感じたときにも、むやみにそこから自分を引きずりおろしません。

ただ、「あれ、なんかおかしいぞ!?」と気づけるものですし、そこから良くなるための軌道修正を自発的にしていけるものです。

しかし、この、人は、本来、幸せになるようになっているという、宇宙の根本摂理をわかっていない人は、

「どうせ私は不幸な星のもとに生まれたのだから仕方ない」

「人生はそうそううまくはいかない。つらいことのほうが多いものだ」

「良いことばかりではなく、悪いことが多くてあたりまえ」

と、不本意なことやつらいこと、幸せに感じられないことを、自分にとってのふつうのこととし、それが当たり前になっていくのです。

こんなに怖いことはありません！　不幸習慣に甘んじて生きるなんて！

幸せでないことが当たり前というのはそもそも大きな間違いで、そういう考え方をすること自体、宇宙に反した思考をしている証拠です。

つらいこと、うまくいかないこと、不運を感じる状態にいるときには、ど

うか思い出してください。人は、本来幸せになるようになっているのだ！と。

そして、それゆえ、一時的なつらいことの中にも、それなりの意味や目的があって、魂が進化するチャンスになっているだけなのだと。

そうすれば、いまのその不本意な状態をどうやって改善すればいいのかを、ちゃんと、肯定的に、建設的に、創造的に、考えられる人でいられます。

そして、そうやって考えるとき必要なことは、

「こんな不本意なつらい運命を、私は望んでいない！」

「私は、どう転んでも、幸せになるんだ！」

と、自分にはっきり教えてあげることです。そして、幸せになる覚悟をすることです。

幸せになる覚悟のない人は、いともかんたんに、もろく崩れるものです。

「私は、どう転んでも、幸せになる！」と自分に言い聞かせるとき、心の奥底から、どれほどすごい力がみなぎってくるか、それを感じとってみてください。

難しいことはぬきにして、「何があろうと、私は絶対に、幸せでいる！」と、そう決心するとき、あなたの日常にステキな奇跡が起こります！

それは、あなたの中の幸せの神様が、切に、あなたに伝えたがっているメッセージでもあります。

「許し」という〝癒し〟を得る

誰かや、何かを、許すというとき、いちばん救われるのは、自分自身です。

そして、許して、ようやくわかることがあります。それは、許すのはなにも相手を無罪放免にしてあげるとか、こちらが神のように寛大になるとかいうことではなく、自分が癒されるためにするのだと。

そうだ……私は、傷つき、悲しみ、疲れた自分を癒されたかったんだ！と。

人は、許せないものに心をつながれているとき、とても、苦しいものです。なにより、不自由でならないもの。

許せないものを抱えたままの状態でいるとき、自分は、どこに行っても、何をしていても、誰といても、どんなにおいしいものを食べても、心は晴れず、曇ったままで、平安は保てないし、なにひとつ楽しめないし、味わえないのですから。

いっそ、もう、許してしまっていい！　可愛い自分自身のために！　この先の幸運のために！

どのみち相手は、こちらに許されようが許されまいが、いま、どこかで笑って暮しているのです。

こちらだけ、「許せない！」と怒り狂ったつらいドラマを延々と生きることになるだけでは、なにもいいことがないでしょう。

えっ、許せないからそうしているって？

でももう、しんどいはずです。早く楽になりたいはずです。

許すとき、どこか自分だけが損をしたような気分になるのも、確かです。

それはわかります。そう、「結局、こちらはやられっぱなしで終わることになるのか」と。

いいえ、このまま許さずにいるほうがやられっぱなしというものです！

許していいんです。でも、許すけれど、もしかしたら、許せなかった人がいたという記憶とその時の痛みは残るかもしれません。あるいは、そんなことは、もう一切なくなって、いつか完全にすっかり消えるのかもしれません。

それは、自分が誰かや何かを許すときの〝潔《いさぎよ》さ〟にかかっているものでしょう。

たとえば許せない相手が、かつて愛した人だとしたら？　すごく信頼していた人だとしたら？　一番仲良くしていた女友だちだったら？

困ったと言ってくるたびに、お金も時間もかけて無条件に助けていた相手だったら？　もしかして、親だったりしたら？

それはもう、ほんとうに、どうやってすべてを忘れたらいいのかと、それを悩むことになります。

でも、いつか、きっと忘れられる日がきます。
もしかしたら、許して癒されたとたん、一瞬で、何もなかったような気分に出逢うかもしれません。

許す・許さない！　の議論よりも賢いのは、実際に許す行為！

許して癒されて、幸せになれるなら、それでいいのです。幸せだけが人生の中でほしいものだとしたら、もう、許せないことなど、これ以上、長く、抱えている必要すら、ないのですから。

そして、あなたの中の幸せの神様は、許しの瞬間、降りてくる！　そして、あなたのすべてをみごとに救ってくれる！　もう、これ以上、涙ひとつ流さなくていいように！　と。

人の中にある「仏性」と「神性」

私たち人間の中には誰の中にも最初から「仏性」も「神性」もあります。

「仏性」とは仏さまのような優しさ、思いやりあう心、愛、慈悲、和合、調和し、支え合い、生かし合う力。

「神性」とは光り輝く太陽のような明るくまぶしい光る心、たくましい力、愛、慈悲、包み込み、守り支え合う気持ち、尊重し合う心、互いの良さを認め合い、伸ばし合い、成長させる性質。

そういったものを本来誰でも自分の中に持っているのに、ときにそれがあることを忘れて、目前の相手に思いやりの欠けたことをしてしまったり、粗末にしてしまったり、何かを責めたり悪く言ったりして、争ってしまうことがあります。

そのとき、お互いが傷つき、悲しく、つらく……そして、わかるのです。そっと、いたわり合い、わかり合えるということの、なんと素晴らしく尊いことか！

そしてひとたび、どちらからともなく、どちらともが互いの中で、「ああ、これは未熟な自分のせいでこうなったのだな」と、反省し、懺悔し、相手に素直に、思いやりと心からの感謝の気持ちを抱けるようになったとき、そこから「仏性」も「神性」も再び顔を出し、さらに、より良い形でつながれるようになるのです。

目の前の相手を思うように大切にできないときというのは、たいがい自分が忙しすぎて、疲れていることが原因であったりします。

時間に追われ、仕事に追われ、生活に追われ、毎日、何かに追い立てられるように生きていては、他人を思いやるのもむずかしくなるのは、あたりまえかもしれません。ならば、その前に、自分をしっかりいたわり、楽にしてあげること！

可愛そうに。しんどいよね……。自分をまったく休ませてあげられてないというのは。睡眠不足で神経がカリカリしてしまう、不本意にも。誰でも、疲れてさえいなければ、他人を簡単にいたわれるし、優しくすることも、すんなりできるもの。

そういえば、「忙しい」という字は、心を滅ぼすという意味からきていいます。もし、時間にも体力にも仕事にも遊びにも金銭にも自分自身にも、なにもかもに余裕を持っていられたら、人は自分の持ちうるすべての優しさや思いやりや愛や慈悲やサポートを、惜しみなく目の前の人に与えられます。

そう、そもそも「仏性」も「神性」も持ち合わせているのですから！

「忙しすぎてはいけないよ、疲れすぎてはいけないよ、ちゃんと、自分を休ませ、癒していかなくてはならないよ。心と体と魂に優しい生き方を叶えていくには！」

そう、あなたの中の幸せの神様は、いつも、そっと、伝えてくれているものです！

人は癒されると誰に何を言われなくても、自然に「仏性」も「神性」も表に現わせ、清く優しくおだやかに生きられます。そして目の前の相手と、もっとうまくつながっていけるのです。和合・調和し、互いの今世のミッションを叶え合えるように！

「ふつうの毎日」という奇跡に感謝する

不安や悩みやつらいことや悲しいことや、問題や障害が多いとき、早くそれらが去ってほしいと願わずにはいられないものです。

そして、もがくようにして転げまわるようにして生きて、泣きながらでも、苦しみながらでも、なんとかそれを乗り越えられ、ようやく平和が訪れたとき、こう思うのです。

「ふつうの生活ができたらそれでいい。けれども、その普通の生活がこうしてずっと続いていることこそ、本当はすごく贅沢なことで、幸せなことなのかもしれない」と。

そして、春の日の優しくおだやかな天気のような、何も怖いことが起こらない日や、静かで平和でおだやかに過ごせる日や、ごくごくふつうのささやかな日があるのは、あたりまえのことではなかったと気がつきます。

ときどき、ふつうの日常は、たいくつすぎて、「今日は何か特別な日にならないかなぁ～」などと、思ったりすることもあるものですが、本当は毎日が〝特別な日〟なのです！

日常というのは不思議なもので、明日も来るのに明日のことさえわからないことがあります。

そして、未知すぎて、はかりしれない可能性を秘めていて、でも、寸分の狂いもなく正しい順で、すごい何かを持ってくる！

何度でも伝えたいことは、ふつうの日常をふつうに毎日生きられるということ自体、それはもうすごく尊いことであり、なによりも素晴らしい奇跡だということです！

お天気のいい日、庭に出て洗濯ものを干しおえて、ふと頭上を照らす、まぶしい太陽をみあげたとき、涙がこぼれることがあります。

光をあびていられるこの瞬間に、なんともいえない安堵と感謝がこみあげてくるのです。その瞬間、感動の嵐が体中を駆け巡ります。

何気ないふつうの日常は、実は、神様、仏様、ご先祖さまのこの上ない愛とご加護によって、成り立っているものです。そのことに気がついたなら、ただ、それだけで自分の内側が満たされます。

それは、自分がいま何かを持っているとか、何かになっているとか、そういうことではなく、ただ生まれたままの自分の魂の底から、湧き上がってくるものに、満たされるということです。

今日という日は素晴らしい！　一瞬一瞬が宝物！　それはもう二度とやってこない、そのときだけのもの！

いつまでも続くこの日常は、もしかしたらいつまでも続かない日常かもしれません。命のタイムリミットが自分ではわからない限り、今日という一日一日を大切にしたいものです。

ふつうの日常というのは、毎日、同じようなことのくりかえしにみえて、実はそうではありません。今日とまったく同じ日は、ないのです。

だからこそ、無条件に、この日常を愛し、感謝できる人でいたいもの！

大切なのは、「心の平安」が得られるかどうか

この人生、毎日を生きていくのに、本当はそんなにたくさんのものなんて、いらないのかもしれません。たくさん夢や願いが叶えばいいのかというと、そうでもなかったりすることもあります。

一番大切なことは、「心の平安が得られるかどうか」です。

どんなにすごい人生や、他人からうらやましがられる生き方の中にいたとしても、心の平安がないなら、意味がありません。

心が平和で満たされるとき、おだやかで、優しくて、他には別に何もいらないというような気持ちにもなるものです。

結局、満たされたいのは心!! 平和がなくては、幸せも感じにくい！

心を平和に満たすために、人は、いろんなことをがんばったり、ときにはがんばるのをやめたり、何かをしっかり考えたり、逆に、ぼーっと過ごしたりするものです。

しかし、心は、平和に満たし続けておくことがとても困難なものでもあります。というのも、なにせ、心は、コロコロ変わるし、波風も立つし、乱されもするものだからです。

ある意味、やっかいといえば、やっかい！

しかも、心というのは、敵にまわすと怖いもの！ いったん暴れだしたら、手がつけられない凶暴さを持つものでもあるからです。また、外界からの刺激や影響をとても受けやすいものでもあるからです。

自分ひとりでいるときなら、なにかと平穏に保てそうな心も、他人と関わったり、社会と接するときには、乱されたくなくても、乱されることが多々出てくるわけです。

誰かがそこにいれば、何かがそこに生まれ、何かしらの出来事が起こるわけです。すると、ああだこうだと考えてしまうのが人の心です。

ときには、とてもささいなことに、瞬間的にムカッときたり、いやな反応をしてしまうこともあります。

そんなふうな心だからこそ、**もし、あなたが、心の平安を永遠に得ようと思うのならば、外側ではなく、内側からおだやかさを手に入れる努力をし続けることが大切です。**

理想的なのは、いつもニュートラルな自分でいるよう心掛けること！

しかし、人と接し、社会にもまれている中で、そうあるのは、なかなか難しいものです。

つねに、ニュートラルな自分で、乱されない、おだやかな心でいようと思ったら、もう、他人から離れて、ひとり山にこもって修行でもしなくては無理かもしれません（笑）。

実際、お釈迦様も空海様も、人里離れて、ひとり山にこもって、精神修行をされたのですから。

人と接する中にいて、ニュートラルな状態や、何にも動じない心、「無」になることは至難の業。外界の刺激から、完全に自分を引き離すことなくして、心の平安を保ち続けるというのは。

だとしたら、この日常で、心の平安を保つのは、無理なのかというと、そうではありません。

たとえば、ときどき、自分ひとりになれる静かな時間と場所を確保したり、どこか知らない街を旅したり、都会の喧騒から離れて、のどかな田舎に行くというようなアクションを通して、心の平安を叶えられることもあるでしょう。

最もいいのは、風や緑や海など、大自然を感じながら、ポツンとたたずむことです。大自然の中に身を置くと、ふだん、心がやかましく言っていたことなど、とるに足りないちっぽけなことだと思え、すっかり気分が晴れ、一瞬で、平和になれるものです。

大自然のおおらかな力に包まれたとき、ひとりでに平和が訪れ、涙がポロポロこぼれることがあります。大自然の中に入ると、自動的に、癒しと浄化が起こるからです！

そして、そのとき、人は、「私は、この瞬間を待っていたんだ」と、感じるものです。そう、癒され、平和な心を取り戻したかったのだと！

それまで、人は、きっと疲れていたのでしょう。無理をしすぎていたのでしょう。自分をおさえすぎていたり、他人のことを気にしすぎていたりしたのでしょう。ストレスや不安や恐れを抱えすぎていたのでしょう。いやなことや煩わしいことにつかまりすぎていたのでしょう。

大自然の中で、癒され、平和な心を取り戻したとき、人は、「これでいいんだ」と、平和にすべてを解決できたりするものです。そのとき、あたたかくて優しいものが内側からとめどなくあふれているものです。平和がその人を満たすからです！

そして、いつでも、心は偉大です！　自分を平和にする術を、本来、自ら持っていて、その効果的な方法を、その時々で、自分でみつけることができるからです！　海に行きたいときは海で、山に行きたいときは山で、癒されると、自分の心は、誰に言われなくても知っているのです。

そのとき、あなたの中の「幸せの神様」は、あなたの心と体と魂が、最も、すんなり癒され、平和になる場所へと、グッドタイミングで誘ってくれるもの！

感謝をこめた「あとがき」

あなたはいつも守られている！

――幸せの神様は、いつもあなたの中にいる

わたしたちは宇宙の計画のもと、この地上に降りてきました。そして、その偉大なミッションを遂行するために、すべての人の無意識の領域と、高次元の存在と、宇宙の網目につながっています。

いつ、どこで、誰とどんな関係にいようと、宇宙からの愛と光とサポートを受けながら、宇宙の無限の力、絶対力でしっかり、しっかり、守られながら、すべてはミッション達成の場面へと導かれるのです！

だから、ささいなことで、イライラしたり怒ったりしないでください。取るに足りないことで文句を言わないでください。小さなことやどうでもいい

くだらないことで、不平不満や愚痴を言わないでください。なにかといちいちくよくよしないでください。

そして、どうか、何も心配しないでください。何も恐れないでください。

安心しながら生きる習慣を、平和な心で暮らす習慣を、まわりと調和する習慣を、持ってみてください。

それでも、ときに、つらく、悲しく、心が痛み、なにもかもが絶望的に思え、お先真っ暗な状態になったとしたら、そういうときは、すぐに、遠慮せず、「神様、助けてください！」「私を守ってください！」「ここから、一刻も早く抜け出すためのサポートをください！」と、心の中か、実際に声に出して、自分の中の幸せの神様に、言ってください。

大きな声で、素直に、叫ぶのです！

そのとき、思いは、届く！　願いは、叶う！　奇跡は、起こる！

信じてください、宇宙の助けがくることを！　あなたが宇宙を見捨てても、宇宙はあなたを絶対に見捨てません！

宇宙のミッションのために魂を磨き高め、成長するために、その光を高めるために、こうしてこの地上にひとり降り立ち、がんばって生きているあなたが、忘れ去られることなど、決してないのです。

そのために、いつでも、あなたを救える存在を、最もあなたの近くに配置すべく、宇宙は、あなたの中に〝幸せの神様〟を宿し、あなたを地上に降ろしてくださったのです！

2020年　1月

ミラクルハッピー　佳川　奈未

本書は、ミラクルハッピー佳川奈未「なみちゃんブログ」の
ここ数年間の数ある作品群の中から、
編集部で厳選セレクトし、
著者自身が新たな気持ちで加筆・編集したものを、
まとめ、文庫化したものです。

青春文庫

ひとりでいる時《とき》に
幸《しあわ》せの神様《かみさま》はやってくる！
運《うん》がよくなる☆奇跡《きせき》が起《お》こる！心《こころ》の習慣《しゅうかん》

2020年1月20日　第1刷

著　者　佳《よし》川《かわ》奈《な》未《み》

発行者　小澤源太郎

責任編集　株式会社プライム涌光

発行所　株式会社青春出版社

〒162-0056　東京都新宿区若松町12-1
電話 03-3203-2850（編集部）
03-3207-1916（営業部）
振替番号　00190-7-98602

印刷／中央精版印刷
製本／フォーネット社

ISBN 978-4-413-09746-8

ミラクルハッピー☆ 佳川奈未の好評既刊

「いいこと」ばかりが起こりだす
スピリチュアル・ゾーン
ISBN978-4-413-03993-2
本体1,400円

約束された運命が動きだす
スピリチュアル・ミッション
ISBN978-4-413-23006-3
本体1,400円

大自然に習う古くて新しい生き方
人生の教訓
ISBN978-4-413-23026-1
本体1,400円

ほとんど翌日、願いが叶う！
シフトの法則
ISBN978-4-413-23043-8
本体1,380円

すべてを手に入れる最強の惹き寄せ
「パワーハウス」の法則
ISBN978-4-413-23104-6
本体1,460円

宇宙から「答え」をもらう☆
シンボリック占い
ISBN978-4-413-11283-3
本体1,852円

お願い
ページわりの関係からここでは一部の既刊本しか掲載してありません。
折り込みの出版案内もご参考にご覧ください。

※上記は本体価格です。（消費税が別途加算されます）
※書名コード（ISBN）は、書店へのご注文にご利用ください。書店にない場合、電話または Fax（書名・冊数・氏名・住所・電話番号を明記）でもご注文いただけます（代金引換宅急便）。商品到着時に定価＋手数料をお支払いください。〔直販係 電話03-3203-5121 Fax03-3207-0982〕
※青春出版社のホームページでも、オンラインで書籍をお買い求めいただけます。ぜひご利用ください。〔http://www.seishun.co.jp/〕